分かりやすさバツグン！ あっという間に対策できる！

最速マスター SPI3 & Webテスト

2022年度版

内定ロボット 著　日経HR編集部 編

日経HR

CONTENTS

分かりやすさバツグン！あっという間に対策できる！

最速マスター　SPI3＆Webテスト　2022年度版

よく出る採用テストの対策が効果的	5
SPI系の採用テスト	6
SHL系の採用テスト	9
その他の採用テスト	12
Webテストを攻略するには？	13
性格適性検査に要注意	17
筆記試験・WebテストQ&A	18

1章

SPI3 テストセンター・ペーパーテスト …… 21

概要	22
言語	24
①二語関係	26
②熟語（同意語）	30
③語の使い方	34
④文章の並べ替え	38
⑤長文読解	42
非言語	50
⑥料金の総額	52
⑦金銭の貸借	56
⑧分割払い	60
⑨仕入れ値（原価）と定価	64
⑩割合の計算	68
⑪速さ	72
⑫組み合わせ	76
⑬確率	80
⑭図表の読み取り	84

⑮集合 ……………………………………………………… 88

⑯長文読解（計算） ……………………………………… 92

⑰推論 ……………………………………………………… 96

⑱モノの流れと比率 ……………………………………… 106

⑲グラフの領域 …………………………………………… 110

英語（ENG） ………………………………………… 117

⑳単語 ……………………………………………………… 118

㉑英熟語・文法 …………………………………………… 122

㉒長文読解 ………………………………………………… 125

その他の採用テスト　①SCOA ………………………… 134

2章

SPI3 WEBテスティングサービス ……… 135

概要 ……………………………………………………… 136

言語 ……………………………………………………… 138

非言語 …………………………………………………… 157

3章

玉手箱・C-GAB ………………………… 169

概要 ……………………………………………………… 170

計数

①四則逆算 ………………………………………………… 172

②図表読取 ………………………………………………… 180

③欠落表 …………………………………………………… 192

言語

④論理正誤 ………………………………………………… 202

⑤趣旨判定 ………………………………………………… 210

⑥趣旨選択 ………………………………………………… 218

3

CONTENTS

英語

⑦論理正誤 ———————————————— 230

⑧長文読解 ———————————————— 238

その他の採用テスト　②内田クレペリン検査 ———— 248

4章

Web-CAB ————————————————— 249

概要 ——————————————————————— 250

①法則性 ————————————————— 252

②命令表 ————————————————— 262

③暗号解読 ———————————————— 270

5章

TG-WEB ————————————————— 281

概要 ——————————————————————— 282

言語　新型 ————————————————— 284

言語　従来型 ————————————————— 290

非言語　新型 ———————————————— 312

非言語　従来型 ———————————————— 318

[最新] 企業の「Webテスト・筆記試験」実施状況 ———— 280, 335

本書の特徴

①就職試験でよく実施される SPI3 と、3 種類の Web テストを掲載しています。

② SPI3 は、最も多く実施されるテストセンターを中心に、ペーパーテスト、WEB テスティングサービスに対応しています。

③新卒の学生や転職者からの情報を基に、企業で実際に使われる採用テストとほぼ同じものを再現しました。

④新卒で就職するときだけでなく、転職する際にも役立ちます。

※本書では、性格適性検査の再現問題、対策は掲載しておりません。

※長文読解問題等の引用文の出典（URL 等）は掲載当時のものです。

よく出る採用テストの対策が効果的

　筆記試験の対策を始める前に、就職活動で実施される「採用テスト」の概要を知っておきましょう。

　採用テストで有名なのがSPIです。この名前を聞いたことがある人も多いでしょう。しかし、就職活動で実施されるテストは、ほかにもたくさんあります。〈表1〉に、主な採用テストをまとめました。業界や職種によっては、SPI以外のテストが主流になっている場合もあります。

●〈表1〉 代表的な採用テスト一覧

テスト名		概要	実施形態		販売会社	紹介ページ
SPI(エスピーアイ)		言語・非言語などの能力適性検査と性格適性検査。	Webテスト	テストセンター	リクルートマネジメントソリューションズ	1章
				WEBテスティングサービス		2章
				インハウスCBT		
			ペーパーテスト			1章
日本SHLの各テスト(SHL系テスト)	玉手箱・Web-CAB(ウェブキャブ)	基本構成は能力適性検査と性格適性検査。	Webテスト		日本SHL	3章(玉手箱)4章(Web-CAB)
	C-GAB(シーギャブ)・C-CAB(シーキャブ)		テストセンター			3章(玉手箱)参照4章(Web-CAB)参照
	CAB(キャブ)・GAB(ギャブ)・IMAGES(イメジス)		ペーパーテスト			
TG-WEB(ティージーウェブ)		基本構成は能力適性検査と性格適性検査。	Webテスト・テストセンター		ヒューマネージ	5章
SCOA(スコア)		基本構成は能力適性検査と性格適性検査。	テストセンター		NOMA(ノマ)総研	134ページ
			ペーパーテスト			
内田クレペリン検査		1桁の足し算を繰り返す心理テスト。	ペーパーテスト		日本・精神技術研究所	248ページ

　こんなにたくさんの採用テストには対策しきれないと思う人もいるかもしれません。しかし、〈表1〉のテストの中で、「これとこの対策をしておけばまず大丈夫」と言えるものがあります。それが前述のSPIと、日本SHLの各テスト（SHL系テスト）です。

　本書では、これらのテストを中心に解説します。代表的なこれら2系統のテストについて対策をとっておけば、筆記試験対策のかなりの部分をカバーすることができるでしょう。

SPI系の採用テスト

SPIとは

SPIは、日本で最も多く使われていると言ってよい採用テストです。言語・非言語などの能力適性検査と、性格適性検査で構成されています。

SPIの言語では日本語に関する一般的な基礎知識、非言語では「論理的思考能力」「数量的処理能力」が測定されます。

「論理的」「数量的」というと難解な印象がありますが、SPIは限られた時間で総合的な能力を判定するテストですから、難しい専門知識を要する問題は出題されません。

ペーパーテストとWebテストがある

SPIの特徴は、「ペーパーテスト」と、「テストセンター」「WEBテスティングサービス」などのWebテストがあることです。

かつては、SPIでよく実施されていたのはペーパーテストでした。しかし、高速なインターネット回線とパソコンの普及にともない、Webテストを実施する企業が増えています。中でもテストセンターの急増はめざましく、現在ではSPIの主流になっています。

●〈表2〉 SPIの実施形態

実施形態		どこで受けるか	能力適性検査	性格適性検査
ペーパーテスト		企業内で受検	言語30分・非言語40分 ※種類により異なる	約40分
Webテスト	テストセンター	会場で受検(性格適性検査は自宅で受検)	言語・非言語 約35分	約30分
	WEBテスティングサービス	自宅で受検	言語・非言語 約35分	約30分
	インハウスCBT	企業内で受検	言語・非言語 約35分	約30分

※ペーパーテストでは、オプション検査として「英語(ENG)」検査が実施されることがある。
※テストセンターでは、オプション検査として「英語(ENG)」検査や「構造的把握力」検査が実施されることがある。

なお、SPIにはバージョンがあります。皆さんが受検するのは、バージョン3である「SPI3」です。本書は、このSPI3について解説しています。

SPIの種類と特徴

SPIには、実施形態とは別に、用途によってさまざまな種類があります（〈表3〉参照）。その中でも、皆さんが受ける可能性が最も高いのが、大学生の新卒採用向けの「SPI-U」です。本書では、このSPI-Uのテストセンターとペーパーテスト（1章：21ページ）、WEBテスティングサービス（2章：135ページ）を紹介しています。

注意したいのが、種類が同じなら、実施形態にかかわらずまったく同じ問題が出題されるわけではないという点です。同じSPI-Uでも、テストセンターなどのWebテストとペーパーテストとでは、出題傾向や問題内容に違いがあります。特に、自宅で受検するWEBテスティングサービスは、ペーパーテストとは大きく違う問題が出題されるので注意が必要です。

●〈表3〉 SPI系テストの種類

テスト名	テストの用途	実施形態	能力適性検査	性格適性検査
SPI-U	総合職・一般職の新卒採用。または第2新卒の採用など。	Webテスト(テストセンター、WEBテスティングサービス、インハウスCBT)	言語・非言語　約35分	約30分
		ペーパーテスト	言語・非言語　70分	約40分
SPI-G	総合職・一般職の中途採用。	Webテスト(テストセンター、WEBテスティングサービス、インハウスCBT)	言語・非言語　約35分	約30分
		ペーパーテスト	言語・非言語　70分	約40分
SPI-H	高校生の新卒採用など。	Webテスト(テストセンター、WEBテスティングサービス、インハウスCBT)	言語・非言語　約35分	約30分
		ペーパーテスト	言語・非言語　70分	約40分
SPI-R	一般職採用、職種転換など。	ペーパーテスト	基礎能力(言語・非言語)/事務処理(分類・概算・文章照合)57分	約40分
SPI-N	一般職・事務職・技能職採用など。	ペーパーテスト	事務処理(照合・表読み・置換)/計算/漢字の読み書き　31分	約40分
SPI-P	性格適性検査のみ見たいとき。	ペーパーテスト	—	約40分
		Webテスト(WEBテスティングサービス、インハウスCBT)	—	約30分

SPIの性格適性検査

SPIの性格適性検査は、すべての種類・実施形態でほぼ同じ内容のテストが実施されます。検査では、社交性などを測る「行動的側面」、達成意欲などを測る「意欲的側面」、ストレスとの向き合い方などを測る「情緒的側面」、困難に直面したときの行動パターンなどを測る「社会関係的側面」の4側面、さらに仕事や組織風土への適応性を測る「職務適応性」と「組織適応性」が測定されます。

なお、テストセンター以外の実施形態では、性格適性検査のみが実施されることもあります。

SPIのオプション検査

　SPIには、以下のオプション検査があります。実施の有無は、企業によって変わります。

・英語（ENG）検査　→117ページ

　テストセンターとペーパーテストで実施されます。

・構造的把握力検査

　テストセンターでのみ実施されます。

誤謬率について

　SPIでは、主に一般職や事務職の採用で使用されるSPI-RとSPI-Nだけで「誤謬率（ごびゅうりつ＝誤答率）」が測定されています。これは、定型的な業務の能力を測定するに当たって、素早さと同時に正確さが重要視されているからです。それ以外のSPIでは、誤謬率は測定されていません。

　※SPI-RとSPI-Nはペーパーテストのみです。テストセンターなどのWebテストでは実施されません。

SHL系の採用テスト

SHL系テストとは

　日本SHL（日本エス・エイチ・エル）は、「玉手箱」「Web-CAB」「GAB」などの採用テストを作成、販売している会社です。本書では、日本SHLの各テストを「SHL系テスト」と呼びます。

　SHL系テストには、用途や対象者に応じてさまざまな採用テストがありますが、いずれも、中学や高校までに学んだ内容とは異なる傾向の問題が出題されるという特徴があります。

　SHL系テストの基本的な構成は能力適性検査と性格適性検査です。テストの種類によって、能力適性検査で出題される内容はかなり異なります。

SPIに次ぐ代表的な採用テスト

　SHL系テストは多くの企業で使われており、SPIに次ぐ代表的な採用テストといえます。

　中でも最も多く使われているのがWebテストの「玉手箱」です。Webテストの主流中の主流で、大手企業・人気企業の多くが採用しています。

　採用テスト対策を考えるうえで、SHL系テスト、特に玉手箱の対策は欠かせません。

玉手箱→3章：169ページ参照

　SHL社の複数のペーパーテストをもとにしたWebテストです。言語、計数、英語の能力適性検査と性格適性検査（OPQ）で構成されています。能力適性検査では、言語、計数、英語のそれぞれにつき、内容が異なるテストが2〜3種類あります。これらが組み合わされて出題されます。

　※もとになっているペーパーテストと玉手箱の対応は、11ページの〈表5〉を参照。
　玉手箱のテストセンター版がC-GABです。

Web-CAB（ウェブキャブ）→4章：249ページ参照

　Web-CABは、コンピューター職の採用テストです。IT業界では非常によく

使われており、SE（システムエンジニア）などのコンピューター職を志望する人は対策が必須です。四則逆算、法則性、命令表、暗号解読の4種類の能力適性検査と、性格適性検査（OPQ）で構成されています。

Web-CABのテストセンター版がC-CAB、ペーパーテスト版がCABです。

GAB（ギャブ）

GABは、玉手箱のもとになったペーパーテストです。コンサルティング、シンクタンク、証券、商社といった業界でよく使われます。

言語（論理正誤）、計数（図表読取）と、性格適性検査（OPQ）で構成されています。

IMAGES（イメジス）

IMAGESも、玉手箱のもとになったペーパーテストです。GABと比べると実施時間が短い、いわば「簡易版」のテストです。GABにはない英語があります。

言語（趣旨判定）、計数（暗算）、英語（長文読解）と、性格適性検査（OPQ）で構成されています。

OPQ（オーピーキュー）

OPQは性格適性検査で、玉手箱やCAB、GABなどの能力適性検査と組み合わされて使用されます。ただし、企業によっては能力適性検査を実施せず、OPQだけを使用するケースもあります。

1つの設問につき質問文が4つあり、「自分に最も近いもの」と「自分から最も遠いもの」を1つずつ選択するという形式です。

●〈表4〉 SHL系の採用テスト

テスト名	テストの用途	実施形態	構成	紹介ページ
玉手箱	総合適性テスト	Webテスト	計数、言語、英語は以下から組み合わせて実施される。 ・計数(四則逆算・図表読取・欠落表) ・言語(論理正誤・趣旨判定・趣旨選択) ・英語(論理正誤・長文読解) ・性格適性検査(OPQ)	3章
Web-CAB (ウェブキャブ)	コンピューター 職適性テスト	Webテスト	・能力適性検査(四則逆算・法則性・命令表・暗号解読) ・性格適性検査(OPQ) ※CABでは、四則逆算が暗算に変わる	4章
C-CAB (シーキャブ)		テストセンター		
CAB(キャブ)		ペーパーテスト		
GAB(ギャブ)	総合適性テスト	ペーパーテスト	・計数(図表読取) ・言語(論理正誤) ・性格適性検査(OPQ)	
IMAGES (イメジス)	簡易版のテスト	ペーパーテスト	・計数(暗算) ・言語(趣旨判定) ・英語(長文読解) ・性格適性検査(OPQ)	
Web-GAB (ウェブギャブ)	総合適性テスト	Webテスト	・計数(図表読取) ・言語(論理正誤) ・性格適性検査(OPQ)	
C-GAB (シーギャブ)	総合適性テスト	Webテスト (テストセンター)	・計数 ・言語 ・英語 ・性格適性検査(OPQ) ※OPQは自宅などで受検	3章 (玉手箱) 参照
Web-RAB (ウェブラブ)	総合適性テスト	Webテスト	・計数(欠落表) ・言語(論理正誤) ・性格適性検査(OPQ)	
OPQ (オーピーキュー)	性格適性検査	ペーパーテスト	68問 ※制限時間はペーパーテスト30分、Webテスト20分	

●〈表5〉 SHL系のペーパーテストとWebテストの対応

ペーパーテスト	対応するWebテスト	構成
CAB	Web-CAB	CABとWeb-CABでは、一部の科目に違いがある。
GAB	玉手箱	玉手箱の計数(図表読取)、言語(論理正誤)はGABをもとに作られている。
	Web-GAB	
IMAGES	玉手箱	玉手箱の言語(趣旨判定)、英語(長文読解)はIMAGESをもとに作られている。

その他の採用テスト

5ページの〈表1〉にあるテストについて補足説明をしておきます。

TG-WEB（ティージーウェブ）→5章：281ページ参照

「TG-WEB」は、ヒューマネージが作成、販売しているWebテストです。能力適性検査の難易度が他のテストに比べて高く、また難しい割に制限時間が短いという特徴があります。近年は、従来になかった新タイプの問題も出題されています。本書ではその新型ともいえるTG-WEBも解説しています。なお、テストセンターで実施されることもあります。

SCOA（スコア）→134ページ参照

「SCOA」は、NOMA（ノマ）総研が作成、販売している採用テストです。SPIに似た問題が出題されます。なお、テストセンターで実施されることもあります。

内田クレペリン検査→248ページ参照

「内田クレペリン検査」は、日本・精神技術研究所の心理テストです。1桁の足し算を繰り返す検査です。

Webテストを攻略するには？

ペーパーテストよりも先に対策が必要！

　Webテストを導入している企業の多くは、一次選考でWebエントリーシートと同時にWebテストとして能力適性検査や性格適性検査を実施し、志望者をある程度ふるい落としてから、説明会や面接を行います（Webエントリーシートとは、自己PRや志望動機などを入力し、Webで企業に送信するものです）。ペーパーテストが、ある程度選考が進んでから実施されることが多いのと対照的です。

　Webテストは、ペーパーテストよりも先に実施されるのです。Webテストの結果が悪いと、その先には進めません。Webテスト対策は、ペーパーテスト対策よりも先にしておくことが必要です。

受検案内を見逃さない！

　Webテストの実施時期は、企業により異なります。実施時期になると、企業から受検案内のメールが送られてきたり、採用サイト上に告知が掲載されます。メールやWebサイトはこまめにチェックし、受検案内を見落とさないようにしましょう。

　期間が数週間ある場合は、数日程度ならチェックが遅れてもなんとかなります。しかし、受検期間が告知から3日間というような企業も珍しくありません。こうした企業では、チェックの遅れは致命的です。受検案内を見落としてWebテストを逃しては、企業側に志望意欲が低いとみなされてしまっても仕方ありません。

　外出が多かったり、自宅にパソコンがないなどの理由でメールのチェックができなければ、フリーメールアドレスを取得するのも一つの手です。フリーメールなら、学校のパソコンでも、出先のインターネットカフェからでも、メールのチェックは簡単です。また、スマートフォンなどを活用してもよいでしょう。

企業ごとに違うボーダーライン

「Webテストは何割できれば通過するのか？」ボーダーラインが気になる人も多いでしょう。しかし、ボーダーラインはあってないようなものです。つまり、企業ごとにボーダーラインは異なるのです。

企業の採用担当者が、「次の選考に進ませるのは上位1〜2割だけにしたい」と考えれば、おのずとWebテストのボーダーラインは上がります。逆に、面接を重視する企業では、「なるべく多くの応募者に会いたい」という理由で、ボーダーラインをかなり低く設定することもあります。

いずれにしても、点数が高いほうがよいことは言うまでもありません。なぜなら、ボーダーラインぎりぎりで通過しても、面接などで評価が横並びの人が複数いたときには、Webテストの点数が高い人を選ぼうということになるからです。ボーダーラインが分からなくても、できるだけ高得点でWebテストを通過できるよう対策をしましょう。

Webテストならではの特徴

Webテストの大きな特徴として、「問題のバリエーションが多い」ことが挙げられます。ペーパーテストなら、問題の組み合わせは、ある程度固定されています。しかし、Webテストでは問題の組み合わせは自由です。テスト作成会社は、各企業の要望に応じてWebテストのシステムをカスタマイズしています。その結果、同じ企業、同じ職種で受検しても、人によって問題の内容が違っているということが起こるのです。

ただし、問題のストックは無限ではありません。何社も受検しているうちに、全く同じ問題に当たるケースも少なくありません。就職活動の早期から、なるべく多くのWebテストを受けておくことも、有効な対策法です。

使えるものはすべて用意

Webテストでは、受検前に、筆記用具やメモ用紙、電卓など用意するものが示されます。この表示を見落とさず、書かれたものはすべて用意するようにしましょう。「メモや電卓はパソコンに付属の機能があるから不要」という声もありますが、お勧めできません。

パソコンにはメモや電卓の機能もありますが、Webテストと電卓などで、

いちいち画面を切り替えながら操作するのも面倒です。パソコンはWebテストを受けるためだけに使用し、筆記用具やメモ用紙、電卓は別に用意したほうが使い勝手はよくなります。

このほかにも、時計をパソコンの脇に置いておくと、残り時間の確認に便利です。Webテストの画面には残り時間の目安が表示されますが、あまり見やすいとはいえません。

このように、Webテストの画面に書かれていなくても、あると便利なものは用意して受検を始めましょう。

※テストセンター（SPI）では、電卓や辞書の持ち込みはできません。また、メモ用紙や筆記用具は、会場で支給されたものを使用します。ペンなどを持参しても、受検中に使うことはできません。

短時間で、大量の問題を解くには？

Webテストは、制限時間に対して問題の量が多いのが特徴です。少しでも得点を高くするには、1問あたりにかける時間をなるべく短くして、より多くの問題を解けるようにしなければなりません。問題を飛ばせるタイプのテストでは、分からないものはどんどん飛ばし、分かるものから解いていくことが大事です。そして、時間が余ったら元に戻って、残りの問題に取り組みましょう。

また、多くのWebテストでは、誤謬率を測定していません。本書で紹介するWebテストのうち、誤謬率を測定しているのはWeb-CABだけです。誤謬率を測定していないWebテストを受検したときは、時間が足りずに着手できない問題が残っても、全問に回答しておきましょう。

回線トラブルに注意

Webテストの受検では、インターネットにつきものの回線トラブルが起きてしまうことがあります。

「受検中、突然画面が真っ白になった」「画面がフリーズしてテストが中断され、回答が勝手に送信されてしまった」などというトラブルの報告は毎年あります。

残念ながら、回線トラブルを完全に防ぐことはできません。Webテストのサイトにアクセスが集中して、サーバーが不調になりやすくなる、期限ギリギリの受検は避けるなどの対策を取りましょう。

Webテストの画面には、トラブル対応の連絡先が必ず書かれています。回線トラブルなどが起き、正常に受検できなくなったら、すぐに、この連絡先に連絡をしましょう。たとえ、途中で勝手に回答が送信されてしまったとしても、正当な理由があれば再度受検することは可能です。思い込みで受検をあきらめてしまわずに、連絡先に問い合わせてみましょう。

Webテストの後でさらにテストを実施する企業も

　13ページで述べたように、Webテストは比較的初期の選考で実施されます。しかし、初期選考のWebテストさえ通過すればそれで終わり、という考えは危険です。近年では、Webテストや面接などの選考を行って応募者を絞り込んでから、改めてペーパーテストなどを実施する企業が数多くあります。中には、Webテストを複数回実施する企業もあります。

　人生を左右するといっても過言ではない就職活動です。選考過程のどこでどのようにテストが実施されても実力を発揮できるように、しっかりと対策に取り組んでおきましょう。

性格適性検査に要注意

性格適性検査で落とされるケースがある

初期選考で性格適性検査のみ実施して、応募者をある程度の人数に絞り込む企業が数多くあります。どんなに入社意欲が高くても、一度の性格適性検査で、志望企業の選考レースから脱落してしまうことがあるのです。

性格適性検査だけで不合格になると、まるで人格を否定されたような気になってしまうかもしれません。しかし、性格適性検査はあくまでも選考ツールの1つにすぎません。思うような結果が得られなくても、「今回は、たまたま相性が悪かっただけ。自分に合う企業はほかにある」と考え、希望を失わずに新たな企業の選考に挑戦しましょう。

ただ、性格適性検査で不合格ばかり、というときは、以下を参考に発想を変えることも考えてみましょう。

▶ 企業選択の幅を広げる

イメージ先行で志望企業を決めていませんか？　今一度、自分の企業選択の過程を振り返ってみましょう。世の中にはあなたの知らない企業がまだまだたくさんあります。じっくりと業界研究、職種研究を重ねていけば、「ここだ」と思える企業がきっと見つかります。

▶ 社会人として直さなければならない性格については見直す

「時間を守るのが苦手」「約束を忘れてしまいがち」といった、社会人として疑問符のつくような傾向はありませんか？

学生時代の友人関係なら、ある程度までは個性として受け入れられることもあるでしょう。しかし社会人となると話は別です。自分を振り返って、反省すべき点が見つかったら、謙虚にそれを直す努力をしましょう。

筆記試験・WebテストQ&A

Q インターンシップでも、採用テストは実施されますか？

A ここ数年、インターンシップが急速に増えています。インターンシップの参加選考で、採用テストを実施する企業もあります。

インターンシップでよく実施されるのは、Webテスト（テストセンターも含む）です。インターンシップへの参加を考えている人は、早めにWebテスト対策をしておきましょう。

Q 採用テスト対策は、いつごろからどんな順番で進めたらいいですか？

A まずは、初期選考で実施されやすいWebテスト（テストセンターも含む）から先に対策を始めましょう。次に、ある程度選考が進んでから実施されることの多いペーパーテスト対策を行います。

これらの対策は、就活開始時期までに一通り終わらせるようスケジュールを組みましょう。就活本番の時期は多忙になりがちで、時間の確保が難しくなるからです。

Q ペーパーテスト対策をしっかりしておけば、Webテスト対策は特に必要ないのでは？

A Webテストはペーパーテストと全く異なる問題も出題されます。専用の対策を取りましょう。「Webテストは、ペーパーテストをパソコンに置き換えただけ」と考え、失敗する学生が毎年います。Webテストとペーパーテストは一部の問題が共通しているケースはあるものの、全く異なる問題が出題されることが多くあります。ペーパーテスト対策を万全にしていても、Webテストには役に立たない、ということがあるのです。また、問題の違いだけでなく、制限時間や出題数からくる特性の違いもあります。

Q スマートフォンやマッキントッシュで、インターネットにアクセスしています。Webテストの受検に使用しても大丈夫でしょうか?

A インターネットに接続した通信機器なら、どんなものでもWebテストが受けられるわけではありません。テストごとに動作環境は異なり、中にはウインドウズ以外に対応していないものもあります。もし、自分が所有するパソコンの動作環境が、Webテストで対応していないものだったときは、無理に受検しようとしてはいけません。学校のパソコンを使ったり、友人のパソコンを使わせてもらうなどの対策を取りましょう。

Q Webテストによっては、電卓を用意するよう指示がありますが、なくてもなんとかなるのでは?

A Webテストは、開始前に必ず注意事項を書いた画面が表示されます。ここで準備するものとして電卓が明記されていたら、必ず電卓を手元に用意してから、受検を開始しましょう。こうした場合、計数問題では筆算や暗算の能力ではなく、電卓を使ってどれだけ手早く正確な回答が出せるかが見られています。「電卓ぐらい、なくてもたいしたことはない」と軽く考えず、必ず準備してから受検に臨みましょう。

Q Webテストのサイトにアクセスが集中していて、Webテストの画面が表示されません。

A Webテストのサーバーにアクセスが集中すると、Webテストの画面が表示されないことが多くあります。特に受検期間ギリギリになると、アクセスは集中しやすくなります。このような場合は、アクセスが落ち着くのを待つしかありません。アクセスが落ち着くのを待っている間に受検期間が過ぎてしまった場合は、Webテストの画面にあるトラブル対応の連絡先にメール、あるいは電話をし、事情を説明しましょう。

　受検期間ギリギリに受けると、この手のトラブルがよく起こります。スケジュールには余裕を持って受検するようにしましょう。

Q 英語が苦手です。採用テストでは英語も出題されるのでしょうか？

A 採用テストでは必ずしも英語が実施されるわけではありません。しかし、国際化が進む中、採用に当たって英語能力を重視する企業が多くなり、それにともなって英語テストの実施が増えていることは事実です。英語を含む採用テストは複数あるので、英語の対策もしておくべきです。

SHL系テストでは、玉手箱やIMAGESなどに英語が含まれています。SPIにはオプション検査として「英語（ENG）」検査があり、テストセンターとペーパーテストで実施されます。ペーパーテストに限っては、独立した英語テストとして、SPIの能力適性検査や性格適性検査とは関係なく実施されることもあります。

Q テストセンター（SPI）で、ずいぶんと早く退席する人がいて、「悪戦苦闘しているのは自分だけなのかな」と焦ります。

A テストセンター（SPI）は、回答の状況に合わせて出題内容が変化します。同じ時間、会場で受検したとしても、自分と周囲の人とで全く同じ内容のテストを受けているわけではありません。

また、回答に要する時間も人それぞれです。短時間でテストが終わったからといって、その人の出来がよいとは限りません。周囲に気を取られず、自分のペースを守って受検しましょう。

Q 結果を使い回しするかどうか判断したいので、テストセンター（SPI）の受検結果を知りたいのですが？

A テストセンター（SPI）で一度受検すれば、テストセンター（SPI）を実施している別の企業で結果を使い回すことができます。使い回すかどうかを判断するために、得点が気になるところですが、テストセンター（SPI）の場合、受検者が得点を知ることはできません。受けたときの手ごたえを判断基準にするしかないようです。

1章

SPI3

テストセンター・ペーパーテスト

SPI3
テストセンター・ペーパーテスト【概要】

SPIの「テストセンター」「ペーパーテスト」は、いずれも言語・非言語の能力適性検査と、性格適性検査で構成されています。

●SPIのテストセンター・ペーパーテストの構成

	制限時間	
	テストセンター	ペーパーテスト
能力適性検査（言語・非言語）	約35分	言語30分、非言語40分 ※SPIの種類により異なる
性格適性検査	約30分	約40分

※このほか、オプション検査として「英語（ENG）」検査（117ページ）や「構造的把握力」検査が実施されることがあります（「構造的把握力」検査はテストセンターのみ）。

テストセンターとは

テストセンターは、SPIを特定の試験会場のパソコンで受ける仕組みです。次の特徴があります。

・自分で予約をして受検をする

テストセンターを実施する企業から受検指示がきたら、パソコンなどから自分で予約をします。続いて、性格適性検査を受検すると、予約が確定します。受検当日は会場に出向き、言語・非言語の能力適性検査を受けます。
※オプション検査があるときは、能力適性検査が終わったあとで実施されます。

・1問ごとに制限時間があり、難易度や出題数は回答状況によって変化する

テストセンターでは、1問ごとに制限時間があります。また、受検者の回答状況によって、その後の問題の難易度や全体の出題数が変化します。視力検査のような出題方式だとイメージするとわかりやすいでしょう。

・受検結果を別の企業に使い回すことができる

一度受検すれば、テストセンターを実施している他の企業で結果を使い回すことができます。

ペーパーテストとは

ペーパーテストは、マークシートと問題冊子でSPIを受けるテストです。応募企業の社内などで実施されます。

テストセンターの画面表示を理解しよう

テストセンターの受検画面

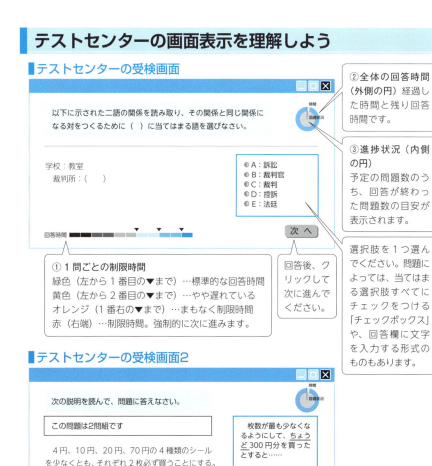

SPI3
テストセンター・ペーパーテスト【言語】

言語の出題範囲

SPIの言語の出題範囲は以下の通りです。

● SPIの出題範囲の比較【言語】

問題の種類	SPI-U			問題の内容 ※WEBテスティングサービスの問題の 内容は、138ページを参照
	テストセンター	ペーパーテスト	WEBテスティングサービス	
二語関係	○	○	×	問題で示された2つの言葉の関係性を読み取る
熟語(同意語)	○	○	×	問題に最も近い意味の熟語を選ぶ
熟語の成り立ち	×	×	○	138ページ参照
語の使い方	○	○	×	複数の意味を持つ言葉に対して、同じ意味で使われている文章を選ぶ
文章のつながり	×	×	○	138ページ参照
文節の並べ替え	○	×	○	WEBテスティングサービスの「文節の並べ替え」は138ページ参照
文章の並べ替え	○	×	×	いくつかに分割された文章を並べ替えたときの順番の一部を答える
長文読解	○	○	○	WEBテスティングサービスの「長文読解」は138ページ参照

事前になるべく多くの問題に取り組もう！

　言語分野では、出題の可能性のある言葉やテーマをどれだけ覚えているかがカギとなります。

　ただし、知らない言葉やテーマが出題されたら、全く得点できない、ということではありません。「言語問題を対策しても、問題集にない言葉が出題されたら意味がない」と考える人が多いのですが、それは間違いです。多くの問題に取り組むことで、たとえ知らない言葉が出題されても、選択肢からヒントを探したり、類推するなど、正解を見つけるための工夫がすばやくできるようになります。あきらめずに取り組みましょう。

「語の使い方」問題は言い替えの方法で解く！

　「語の使い方」問題は、多義語（意味が違う同じ言葉）や文法について問われますが、言い替えの方法で解ける問題がほとんどです。

　また、「語の使い方」問題では、よく出題される助詞・助動詞があります。35ページに一覧を掲載していますので、ご参照ください。

「文章の並べ替え」問題は、１問目で全部を並べ替える！

　テストセンター独自の分野は「文章の並べ替え」です。組問題で、同じ文章に対して、複数の問題が出題されます。多少時間はかかっても、１問目で全部を並べ替えてしまうのが確実です。

○ テスセン ○ ペーパー

1 二語関係

正解へのカギ

● 示された二語の関係を明確にする

● よく出る関係を覚えておく

例題 以下に示された二語の関係を読み取り、その関係と同じ関係になる対をつくるために（　）に当てはまる語を選びなさい。

学校：教室
　裁判所：（　　　）

A：訴訟　　　　B：裁判官　　　　C：裁判
D：控訴　　　　E：法廷

ページ上部の テスセン ペーパー の表示は、実施形式ごとに出題があるかないかを示しています。例えば ○テスセン ✕ペーパー の場合は、「テストセンターで出題があるが、ペーパーテストでは出題されない」ということです。

26　言語

よくわかる スピード 解法

「裁判所：（　）」が、「学校：教室」と同じ関係になるよう、選択肢から選びます。

「教室」は「学校」の一部です。このような関係を「包括関係」といいます。記号を使って関係を表すと、「学校＞教室」となります。

同様に、「『裁判所』の一部」といえるものを探します。すると、「E：法廷」が当てはまることが分かります。

正解　E：法廷

「二語関係」では、この「包括関係」のほか、「同意語」「対語」「役目」「原料」などの関係が出題されます。覚えておきましょう。問題を解く際は、下の表の中のカッコ内の記号を使ってメモを取ると、うっかりミスを防ぐことができます。

●覚えておこう！

関係と記号	例	説明
包括（＞、＜）	自転車＞サドル	「自転車」は「サドル」を含む
	桜＜花	「桜」は「花」に含まれる
同意語（＝）	バッグ＝かばん	「バッグ」と「かばん」は同じ
対語（⇔）	始業⇔終業	「始業」と対立する言葉が「終業」
役目（役）	ゲレンデ：スキー（役）	「ゲレンデ」は「スキー」をするところ
原料（原）	バター：牛乳（原）	「バター」は「牛乳」からできる

練習問題 二語関係

1 以下に示された二語の関係を読み取り、その関係と同じ関係になる対をつくるために（　）に当てはまる語を選びなさい。

後退：進歩
　衰亡：（　　　）

A：復活　　　　　B：興隆　　　　　C：旺盛
D：全盛　　　　　E：盛大

2 以下に示された二語の関係を読み取り、その関係と同じ関係になっている対を選びなさい。

鍋（なべ）：調理
　ア　ガス：燃料
　イ　マフラー：防寒
　ウ　石炭：暖炉

A：アだけ　　　　B：イだけ　　　　C：ウだけ
D：アとイ　　　　E：アとウ　　　　F：イとウ

3 以下に示された二語の関係を読み取り、その関係と同じ関係になっている対を選びなさい。

天災：災害
　ア　繊維：紡績
　イ　制服：衣服
　ウ　服装：和装

A：アだけ　　　　B：イだけ　　　　C：ウだけ
D：アとイ　　　　E：アとウ　　　　F：イとウ

解説 二語関係

1章 SPI-3 テストセンター・ペーパーテスト

1 「後退」は「後方へしりぞくこと」、進歩は「進んでいくこと」です。対立する関係（対語）といえます。

問題の「衰亡」の意味は「おとろえ、ほろびること」。選択肢には「興隆」「旺盛」「全盛」と似た意味の言葉が並んでいます。このような場合、「～する」などの言葉を補って問題文に当てはめてみると、分かりやすくなります。

文明が　衰亡　**する**

- ✕ A　復活する　「復活する」とはいうが、「衰」の反対の意味がない
- 〇 B　興隆する　意味は**「勢いが盛んになって栄えること」→これが正解**
- ✕ C　旺盛する　「旺盛する」とはいわない
- ✕ D　全盛する　「全盛する」とはいわない
- ✕ E　盛大する　「盛大する」とはいわない

正解 B：興隆

2 最初に示された二語と同じ関係になるものを探します。

「鍋：調理」の関係は「役目」。「『鍋』で『調理』する」となります。同じ関係になる対はイの「マフラー：防寒」です（マフラーで防寒する）。

正解 B：イだけ

3 「天災」は災害の一種と考えることができます。「天災＜災害」という包括関係です。

ア～ウで同じ関係になるのはイの「制服：衣服」。「制服」はいろいろある「衣服」の一種といえます。

※ウの「服装：和装」も「服装＞和装」という包括関係です（「和装」は「服装」の一種）。しかし、「天災＜災害」とは関係の向きが反対です。同じ包括関係であっても、向きが違う場合には、正解になりません。

正解 B：イだけ

二語関係 29

2 熟語（同意語）

正解へのカギ
- 似た熟語の差を判断する
- 言葉の意味を知らないと答えられない問題も出る

例題 下線部分の言葉の意味に最も合致する言葉を、選択肢の中から選びなさい。

仕方がないと考えて受け入れること

A：受諾　　B：許諾　　C：不承
D：勘弁　　E：甘受

よくわかる スピード 解法

　「受け入れる」から考えると、「受」「諾」が入っているAの「受諾」、Bの「許諾」、Eの「甘受」が当てはまりそうです。この中で、「仕方がないと考えて」という意味合いも含まれているのは「甘受」だけです。

　このように、同じ漢字が複数の選択肢に入っているときは、それぞれの熟語の「差」を判断する方法が有効です。

※「甘受」の「甘」は「甘んじて」などの表現で使われます。Cの「不承」は「承知しないこと」、Dの「勘弁」は「過ちや不都合などを許すこと」という意味です。

正解 E：甘受

練習問題 熟語（同意語）

下線部分の言葉の意味に最も合致する言葉を、選択肢の中から選びなさい。

1 <u>いろいろ</u>の事情

　A：大半　　　　B：多岐　　　　C：諸般
　D：不慮　　　　E：周知　　　　F：所与

2 関心を引くように<u>それとなく誘いかける</u>

　A：先手を打つ　　　　B：はっぱをかける　　　　C：手をかける
　D：ほこ先を向ける　　E：水を向ける

3 <u>お祝いの言葉を言う</u>

　A：たたえる　　　　B：よみする　　　　C：めでる
　D：ことほぐ　　　　E：はやしたてる

32　言語

解説 熟語（同意語）

1 「いろいろ」という意味で、さらに「事情」を表す際に使う言葉が正解です。

Aの「大半」、Dの「不慮」、Eの「周知」はどちらも含まれません。Fの「所与」はあまりなじみのない言葉ですが、「与（える）」の字から違うと推測できます。

残ったB「多岐」、C「諸般」のどちらが適切か、問題文に当てはめて考えてみます。

> ✕ B　多岐　の　事情　「多岐の事情」とはいわない
> ○ C　諸般　の　事情　「諸」は「いろいろの」の意
> 　　　　　　　　　　「諸般の事情」と使う→これが正解

※Bの「多岐」は「多岐にわたる」「複雑多岐」などの表現で使われます。なお、Dの「不慮」は「おもいがけないこと」、Eの「周知」は「広く知れわたっていること」、Fの「所与」は「与えられること」という意味です。

正解 C：諸般

2 「水を向ける」が正解です。「熟語（同意語）」では、ふだんはあまり使わない慣用句が出題される傾向があります。この問題もその1つです。この機会に覚えてしまいましょう。

※Aの「先手（を打つ）」の意味は、「今後起こるべき事態に備えて、あらかじめ講じておく対策」、Bの「はっぱをかける」は「激しい言葉をかけたりして奮い立たせる」、Cの「手をかける」は「手間をかける」、Dの「ほこ先（を向ける）」は「攻撃の方向」という意味です。

正解 E：水を向ける

3 この問題も、あまり使われない表現を扱ったものです。選択肢にもBの「よみする」などのなじみのない表現があり、回答に迷ってしまいます。

「お祝いの言葉を言うこと＝ことほぐ」と覚えておきましょう。

※Aの「たたえる」は「すぐれているとほめる」、Bの「よみする」が「よしとする。ほめる」、Cの「めでる」は「物の美しさ・素晴らしさをほめ味わう」、Eの「はやしたてる」は「さかんにはやす」という意味です。

正解 D：ことほぐ

熟語（同意語）　33

3 語の使い方

正解へのカギ
- 言い替えで解く
- 頻出の言葉を覚える

例題 下線部分の言葉の意味に最も近い意味の言葉を、選択肢の中から選びなさい。

子どもの頃が思い出される

A：豪雨に見舞われる　　B：難問が出される
C：塀が倒れる　　　　　D：誰でも入れる
E：続報が待たれる

よくわかる スピード 解法

「語の使い方」では、多義語（複数の意味がある言葉）と、文法（格助詞や助動詞など）が出題されます。この問題は、文法の問題です。

「思い出される」の「れる」は助動詞です。助動詞「れる」の意味は、「自発」「尊敬」「受身」「可能」の4種類があります。問題の「子どもの頃が思い出される」は、自然と起こる動作なので「自発」です。選択肢の中で、同様に「自発」の意味で「れる」が使われているのは、Eの「続報が待たれる」だけです。

正解 E：続報が待たれる

「語の使い方」のうち、文法の問題では、よく出題される言葉がいくつかあります。覚えておきましょう。

●「語の使い方」頻出の助詞・助動詞一覧

語	用例	意味	
で	病気で休む	原因・理由	格助詞
	工場で作る	場所	
	飛行機で行く	手段・方法・材料	
	委員会で採決する	動作・状態の主体	
	5日で売り切れた	期限・限定・時期	
と	次年度に延期となった	結果	
	雨あられと降り注いだ	様子	
	友人と出かけた	相手	
	早く行こうと思った	思考内容	
に	研究に没頭する	動作の目的	
	公園によくあるベンチ	場所	
	春から大学生になる	変化の結果	
	9時に開始する	時	
	お礼にお菓子をもらう	資格	
の	私の帽子	連体修飾語（名詞の前につく修飾語）	
	祖父の所有する建物	主格	
	それは母のです	準体助詞（これがついた語は体言と同じ働きをする）	
	貸すの貸さないのと口論した	並列	
れる （られる）	品物を渡される	受身	助動詞
	王女が来られる	尊敬	
	昔が思い起こされる	自発	
	あの人なら任せられる	可能	

練習問題	**語の使い方**

下線部分の言葉の意味に最も近い意味の言葉を、選択肢の中から選びなさい。

1 ひどい<u>め</u>にあわされた

A：勝ち<u>め</u>はある　　　　B：落選の憂き<u>め</u>をみる

C：結び<u>め</u>を解く　　　　D：人<u>め</u>につかない場所

E：少な<u>め</u>に盛る

2 研究者<u>と</u>なる

A：入社は来月<u>と</u>決まった　　B：しくしく<u>と</u>泣く

C：兄<u>と</u>学校に行った　　　　D：きれいな色だ<u>と</u>思う

E：権利がある<u>と</u>主張する

解説 語の使い方

1 この問題の「め」は、複数の意味がある言葉（多義語）として代表的なものです。効果的な解き方は、「言い替え」です。同じ意味で、より分かりやすい表現で問題を言い替え、各選択肢に当てはめて考えます。

ひどい　<u>め</u>　にあわされた　＝ひどい <u>経験</u> をさせられた　と言い替えてみる
- ✕ A　勝ち<u>め</u>はある　　　　＝ 勝ち（そうな）<u>経験</u> はある
- 〇 B　落選の憂き<u>め</u>をみる ＝ 落選の（つらい）<u>経験</u> をみる→**これが正解**
- ✕ C　結び<u>め</u>を解く　　　　＝ 結（んだ）<u>経験</u> を解く
- ✕ D　人<u>め</u>につかない場所 ＝ 人（の）<u>経験</u> につかない場所
- ✕ E　少な<u>め</u>に盛る　　　　＝ 少な（い）<u>経験</u> を盛る

> 「憂きめ」の「憂き（憂い）」は「思うようにならずつらい」という意味。

Bの「落選の憂きめをみる」は、「憂きめ」を「つらい経験」と言い替えることができ、かつ意味も通ります。これが正解です。

正解 B：落選の憂き<u>め</u>をみる

2 この問題は文法の問題です。「研究者<u>と</u>なる」の「と」は格助詞で、前後の言葉によってさまざまな意味を持ちます。この問題は、動作や作用などの結果という意味で「と」が使われています。

このタイプの問題も、**1** と同様に「言い替え」で解くことができます。文の意味をくみ取ってより分かりやすい言い替えをしましょう。

例えば、この問題なら「研究者<u>と</u>なった」を「研究者<u>に</u>なった」と言い替えます。同様にA～Eを言い替えてみると、文章が成立するのはAの「入社は来月<u>と</u>決まった」だけです。

正解 A：入社は来月<u>と</u>決まった

○テスセン ✕ペーパー

4 文章の並べ替え

正解へのカギ

- ●先頭になる文章を見つける

- ●指示代名詞が指す内容を適切に読み取る

例題 以下の文について、各問いに答えなさい。

ア　そう考えていると、後輩を見るたびにあなたは説教してしまうことになる

イ　そうすると、後輩も反発する気持ちから素直になれなくなる

ウ　こんな風にして、関係は悪くなっていくのである

エ　それを目の当たりにしたあなたは、ますます説教をしてしまう

オ　たとえば「後輩は努力が足りない」とふだんから考えていたとする

問　アからオを最も意味が通るよう並べ替えたとき、<u>イのすぐ後にくる文</u>はどれか。

A：ア　　　　B：ウ　　　　C：エ

D：オ　　　　E：イは最後の文

38　言語

よくわかる スピード 解法

　文章を並べ替える際の手がかりは、「先頭になる文章を見つける」こと。それには「前の文を受けているかどうか」を目安にするとよいでしょう。

　この例題では、ア「そう考えていると」、イ「そうすると」、ウ「こんな風にして」、エ「それを目の当たりに」で始まる文章は、すべてそれ以前の文を受けているため、先頭にはなりません。残ったオが先頭です。

　先頭が決まったら、その内容を受けて展開している文章はどれか、という見方で2番目以降の文章を決めます。コツは、「そう」「それ」などの指示代名詞が指す内容を適切に読み取ること。この方法で、すべての並び順を明らかにすることができます。

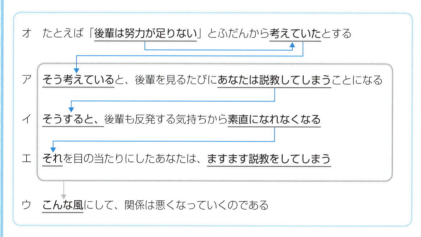

　並び順はオ→ア→イ→エ→ウと分かりました。イのすぐ後にくる文はエです。

正解 C：エ

練習問題 文章の並べ替え

以下の文について、各問いに答えなさい。

ア　もっともなことで、本来は続けて「よろしくお願いします」と言わなければあいさつの意味にならない

イ　ところが、日本人は、続けてそのように言うということが共通の認識として了解されている

ウ　日本人は多くの人が、初めて会った人に「お初にお目にかかります」と言い、それで終わりにしてしまう

エ　要するに、言外にほのめかしているのだ

オ　外国の人が見ると、それは当然ではないか、それであいさつの意味があるのかと思うようだ

1 アからオを最も意味が通るよう並べ替えたとき、ウのすぐ後にくる文はどれか。

A：ア　　　　B：イ　　　　C：エ
D：オ　　　　E：ウは最後の文

2 アからオを最も意味が通るよう並べ替えたとき、オのすぐ後にくる文はどれか。

A：ア　　　　B：イ　　　　C：ウ
D：エ　　　　E：オは最後の文

解説 文章の並べ替え

1 この問題では、ア「もっともなことで」、イ「ところが」、エ「要するに」で始まる文章はすべてそれ以前の文を受けているため、先頭にはなりません。

さらに残ったウとオを比べます。オの「それは当然ではないか」は、それ以前の文を受けているので、先頭はウと分かります。

先頭が決まったので、その内容を受けて展開している文章はどれか、という見方で文章を決めます。

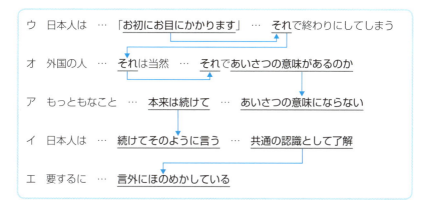

並び順はウ→オ→ア→イ→エと分かりました。ウのすぐ後にくる文はオです。

正解 D：オ

2 **1**で全部の順番を並べ替えているので、改めて解くまでもなく、正解が分かります。オの次はアです。

正解 A：ア

○テスセン ○ペーパー

5 長文読解

正解へのカギ

- 空欄補充では、接続詞の分類をマスターする
- 「合致するかどうか」を探すときは、設問文から手がかりとなるキーワードを決める

例題　次の文を読んで、設問に答えなさい。

　学校教育では、どういうものか、ことわざをバカにする。ことわざを使うと、インテリではないように思われることもある。＿＿1＿＿、実生活で苦労している人たちは、ことわざについての関心が大きい。現実の理解、判断の基準として有益だからである。

　ものを考えるに当っても、ことわざを援用すると、簡単に処理できる問題もすくなくない。

　現実に起っているのは、具体的問題である。これはひとつひとつ特殊な形をしているから、分類が困難である。これをパターンにして、一般化、記号化したのがことわざである。Ａというサラリーマンの腰が落ちつかず、つぎつぎ勤めを変えている。これだけでは、サラリーマン一般、さらには、人間というものにそういう習性があって、その害が古くから認められていることに思い至るのは無理だろう。

　これに"ころがる石はコケをつけない"というパターンをかぶせると、サラリーマンＡも人間の習性によって行動していることがわかる。別に珍しくもない、となる。

　具体例を抽象化し、さらに、これを定型化したのが、ことわざの世界である。庶民の知恵である。古くから、どこの国においても、おびただしい数のことわざがあるのは、文字を用いない時代から、人間の思考の整理法は進んでいたことを物語る。

　個人の考えをまとめ、整理するに当っても、人類が歴史の上で行なってきた、ことわざの創出が参考になる。個々の経験、考えたことをそのままの形で記録、保存しようとすれば、煩雑にたえられない。片端から消えてしまい、後に残らない。

　一般化して、なるべく、普遍性の高い形にまとめておくと、同類のものが、あとあとその形と照応し、その形式を強化してくれる。つまり、自分だけの"ことわざ"のようなものをこしらえて、それによって、自己の経験と知見、思考を統率させるのである。そうして生まれる"ことわざ"が相互に関連性をもつとき、その人の思考は体系をつくる方向に進む。

　そのためには、関心、興味の核をはっきりさせる。その核に擬集する具体的事象、経験を一般的命題へ昇華して、自分だけのことわざの世界をつくりあげる。このようにすれば、本を読まない人間でも、思考の体系をつくり上げることは充分に可能である。

[外山滋比古／『思考の整理学』／筑摩書房]

42　言語

1　　　1　　に当てはまる接続詞を選びなさい。

A：だから　　B：しかし　　C：では　　D：そのうえ　　E：つまり

2 下線部「これ」が示す内容は次のいずれか。

A：現実に起こっている具体的問題　　B：人間の持つ習性

C：古くから認められている害　　D：Aがつぎつぎ勤めを変えること

E：文字を使わない庶民の知恵

3 文中で述べられていることと合致するものは、次のいずれか。

ア　"ことわざ"は思考として体系化されていないため、非常に煩雑である

イ　"ことわざ"を作ることで文字を用いない思考の体系をつくり上げることができる

ウ　"ことわざ"の創出は思考の整理法の1つである

A：アだけ　　　　　　　B：イだけ　　　　　　　C：ウだけ

D：アとイ　　　　　　　E：アとウ　　　　　　　F：イとウ

よくわかる スピード 解法

1 「接続詞」は、単語や文などをつなぐ役割を持つ言葉です。まずは空欄の前後の文の意味をざっとつかみます。すると、2つの文の関係がはっきりし、どの種類の接続詞が適切なのかが分かります。

■空欄の前

> 学校教育では、どういうものか、<u>ことわざをバカにする</u>。ことわざを使うと、<u>インテリではない</u>ように思われることもある。

> ことわざをマイナスにとらえている

■空欄の後

> <u>実生活で苦労している人たち</u>は、<u>ことわざについての関心が大きい</u>。現実の理解、判断の基準として<u>有益だから</u>である。

> ことわざをプラスにとらえている

長文読解　43

同じ「ことわざ」について、相反する内容の文になっています。相反する2つの文をつなぐときは、逆接の働きをする接続詞を使います。

正解 B：しかし

接続詞は、役割ごとに大きく7種類に分類できます。45ページに接続詞一覧としてまとめてあるので、ぜひ覚えておきましょう。

2 「これ」「それ」などの指示代名詞が文の先頭にある場合、示す内容はそれ以前の文章にあることがほとんどです。まずは指示代名詞「これ」を含む部分の概要をつかんでから、示す内容を探します。

■「これ」で始まる文

> これに"ころがる石はコケをつけない"というパターンをかぶせると、サラリーマンAも人間の習性によって行動していることがわかる。

・サラリーマンAのこと
・何らかの行動

■「これ」より以前の文　〔サラリーマンAのこと〕　〔「つぎつぎ勤めを変える」という行動〕

Aというサラリーマンの腰が落ちつかず、つぎつぎ勤めを変えている。これだけでは、サラリーマン一般、さらには、人間というものにそういう習性があって、その害が古くから認められていることに思い至るのは無理だろう。

正解 D：Aがつぎつぎ勤めを変えること

3 合致するかどうかを探すときは、「設問文から手がかりとなるキーワードを決める」と効率的です。

ア〜ウのいずれにも「ことわざ」という言葉が入っています。ことわざについて述べた文章で、本文の内容と合致するものが正解です。

×ア："ことわざ"は思考として体系化されていないため、非常に煩雑である

主語と述語だけを抜き出すと、「ことわざ」は「煩雑である」です。本文で「ことわざ」は何度も登場していますから、「煩雑」をキーワードに探します。

個人の考えをまとめ、整理するに当っても、人類が歴史の上で行なってきた、ことわざの創出が参考になる。個々の経験、考えたことをそのままの形で記録、保存しようとすれば、<u>煩雑にたえられない</u>。片端から消えてしまい、後に残らない。

「個々の経験、考えたことをそのままの形で記録、保存」すること、つまり、ことわざを創出しないことが「煩雑」と書かれていますから、「ことわざ」は「煩雑である」は間違いです。

×イ：" ことわざ " を作ることで<u>文字を用いない</u>思考の体系をつくり上げることができる
　手がかりになるのは「文字を用いない」です。

　古くから、どこの国においても、おびただしい数のことわざがあるのは、<u>文字を用いない</u>時代から、人間の思考の整理法は進んでいたことを物語る。

「文字を用いない（ほど昔）」から、ことわざによる思考の整理法が進んでいた、という内容です。この長文では、「<u>文字を用いない</u>思考の体系」をつくり上げることができるかについては述べられていません。

○ウ：" ことわざ " の創出は思考の整理法の 1 つである
　手がかりになるのは「思考の整理法」です。

　古くから、どこの国においても、おびただしい数のことわざがあるのは、文字を用いない時代から、人間の<u>思考の整理法</u>は進んでいたことを物語る。

「思考の整理法」を含む文で述べられていることは、" 「ことわざ」が「人間の思考の整理法」を示す存在である " ということです。設問文とほぼ同じ意味です。

正解 C：ウだけ

●接続詞一覧

種　類	接続詞
並列　（2つ以上のことを並べる）	また・および・ならびに
添加　（前の文に付け足す）	そして・そうして・それから・そのうえ・また・しかも・次に・おまけに・さらに
選択　（2つ以上から1つだけを選ぶ）	または・あるいは・もしくは・それとも
順接　（前のことが原因になって後のことになっていることを示す）	だから・それで・したがって・ゆえに・それゆえ・すると・そのため・このため・で・では
逆接　（前のことと後のことが逆の意味になっていることを示す）	しかし・だが・ところが・だけど・それなのに・それでも・だけれども・ただし
説明　（前の文を説明・補足をする）	つまり・なぜならば・すなわち・もっとも・ただし・というのは・要するに
転換　（話題を変える）	ところで・ときに・さて・では

練習問題 5 長文読解

次の説明を読んで、問題に答えなさい。

　一五八八年（天正十六）、イギリスはスペインの無敵艦隊を破り、七つの海を制覇する端を開いた。この年、日本では秀吉が聚楽第に後陽成天皇を迎えるという盛挙の年であるが、それよりも対比されるのは東南アジアへの進出である。その後イギリスは着々と近代国家への途を歩み、大発展をとげたが、日本は国を鎖し、封建国家として停滞した。

　このように叙述すると、日本史の展開の上に寛永鎖国の責任は重大のように感じられるが、当時の両国の国内産業と貿易との関係を考えてみよう。イギリスにあっては、産業革命前ではあったが、毛織物工業は国内の主要産業であり、それはヨーロッパ大陸の織物市場と緊密に結びついていた。＿＿＿1＿＿＿イギリスにとって大陸市場との関係切断は、国内経済の致命傷になったはずである。それゆえ、外国軍隊によって封鎖（たとえば一八〇六年、ナポレオン一世の発した大陸封鎖令など）された場合はともかく、みずから国を鎖すことなどありえない。

　これに対し近世初期の日本の貿易は、主要輸入品は武器など軍需品であり、また新興武家や豪商の威容を飾るべき絹・毛織物・革製品その他のぜいたく品であった。これを当時にわかに産出した豊富な金銀によって買いまくったのである。したがって当時の日本国内の一般産業に基礎をおく貿易ではなかった。そこでいわゆる元和偃武、つまり元和元年（一六一五）、豊臣氏の滅亡によって国内戦争の危機が薄れ、一方、金銀産出量も急激に減少して来ると、いたずらにぜいたく品を輸入する海外貿易が見直されて来るのは必然であった。

　やがて「我有用の材を用ひて、彼無用の物に易んこと、我国万世の長策にあらず。（中略）薬材の外は他に求むべき物もなし」（新井白石『折たく柴の記』）というような貿易無用論が識者の間で唱えられるようにもなってゆく。つまり近世初期は国内産業もきわめて未成熟であり、イギリスのように大陸市場との結びつきもなかった。海外貿易は衰退する運命にあったのである。貿易のもつ意味がこのように軽くなれば、それに反比例してキリシタンの脅威感が増大する。寛永の鎖国はこういう過程をたどって施行された。

　＿＿＿2＿＿＿鎖国体制というのは、より進展しようとしている海外交流を幕府があえて無理に遮断した孤立政策ではなかった。鎖国の一面は幕府の手の及ばない外国間の勢力争いの結果である。もう一つの面は日本人の海外渡航禁止であって、これは幕府の責任に帰するが、これとてもその基底には、当然急速に衰えてゆくべき近世初期の海外貿易の状況があり、それゆえにキリシタンの脅威感が前面に強く出た結果である。

［辻　達也／『江戸時代を考える』／中央公論社］

46　言語

1 _____1_____ に当てはまる接続詞を選びなさい。

A：だが   B：または   C：もっとも
D：したがって E：しかし

2 _____2_____ に当てはまる接続詞を選びなさい。

A：さらに   B：ところで C：ただし
D：おまけに E：つまり

3 文中の下線部「これ」が示す内容は次のいずれか。

A：イギリスで大陸封鎖令によって大陸市場との関係が切断されたこと
B：外国の軍隊による強制的な鎖国にもかかわらず、イギリスが発展を続けたこと
C：イギリスでは、大陸市場との結びつきが国内経済にとって重要だったこと
D：イギリスが近代国家への途を歩み、発展したこと
E：産業革命以前のイギリスでは毛織物工業が盛んであったこと

4 文中で述べられていることと合致するものは、次のいずれか。
ア　寛永の鎖国は幕府の政策によるものではなく、自然に発生した現象である
イ　鎖国当時の日本では、海外貿易は国内産業と結びついていなかった
ウ　日本の東南アジアへの進出によって、キリシタンの脅威はより強まった

A：アだけ   B：イだけ   C：ウだけ
D：アとイ   E：アとウ   F：イとウ

解説 **5** **長文読解**

1 空欄の前は原因で、空欄の後はその結果の予測です。

■空欄の前

> イギリスにあっては（略）、それは<u>ヨーロッパ大陸の織物市場と緊密に結びついていた</u>。

関係切断が致命傷となる理由（原因）

■空欄の後

> イギリスにとって<u>大陸市場との関係切断は、国内経済の致命傷になったはず</u>である。

正解 D：したがって

---

2 空欄の後の文章は空欄の前で述べられていた内容を説明したものです。

■空欄の前

> 貿易のもつ意味がこのように軽くなれば、それに反比例してキリシタンの脅威感が増大する。<u>寛永の鎖国</u>は<u>こういう過程</u>をたどって施行された。

「こういう過程」の内容

■空欄の後

> <u>鎖国体制というのは</u>、より進展しようとしている<u>海外交流を幕府があえて無理に遮断した孤立政策ではなかった</u>。

正解 E：つまり

---

3 ■「これ」を含む文

> <u>これ</u>に対し近世初期の<u>日本の貿易は</u>、主要輸入品は武器など軍需品であり、また新興武家や豪商の威容を飾るべき<u>絹・毛織物・革製品その他のぜいたく品であった</u>。

「日本の貿易」での主要な輸入品について述べられています。

48　言語

■「これ」より前の文

> それゆえ、外国軍隊によって封鎖（たとえば一八〇六年、ナポレオン一世の発した大陸封鎖令など）された場合はともかく、みずから国を鎖すことなどありえない。

　この文だけでは、何について述べたことか分かりません。そこでもう一文さかのぼります。

> イギリスにとって大陸市場との関係切断は、国内経済の致命傷になったはずである。

イギリスのことで、さらに大陸市場との関係の重要性が述べられていると分かります。

正解 C：イギリスでは、大陸市場との結びつきが国内経済にとって重要だったこと

----

4 × ア　寛永の鎖国は幕府の政策によるものではなく、自然に発生した現象である
　　　本文に、「もう一つの面は日本人の海外渡航禁止であって、これは幕府の責任に帰する」とあります。

　　○ イ　鎖国当時の日本では、海外貿易は国内産業と結びついていなかった
　　　本文に、「当時の日本国内の一般産業に基礎をおく貿易ではなかった」とあります。

　　× ウ　日本の東南アジアへの進出によって、キリシタンの脅威はより強まった
　　　本文では、「東南アジアへの進出」と「キリシタンの脅威」の関係については述べられていません。

正解 B：イだけ

長文読解　49

SPI3
テストセンター・ペーパーテスト【非言語】

非言語の出題範囲

　SPIの非言語では、テストセンターとペーパーテストの出題範囲は、ある程度は共通ですが、全く同じというわけではありません。次ページの「SPIの出題範囲の比較」の表をご覧ください。

　だいたい3分の2の分野が共通で、残りの3分の1が、テストセンターだけ、またはペーパーテストだけで出題される分野です。つまり、自分がどちらを受検するのかわかっているときには、SPI全範囲をやみくもに対策するよりも、テストセンター、あるいは、ペーパーテストの出題範囲に絞り込んだ対策をするのが効率的だということです。

　なお、共通の出題分野に関しては、テストセンターとペーパーテストとで全く同じ問題が出題されることもあります。

電卓は使えない！

　SPIのテストセンターとペーパーテストでは、いずれも電卓や辞書は使用できません。時計に付いている電卓機能や辞書機能などを使用すると、不正とみなされるので、注意しましょう。

　テストセンターでは、筆算などに使うメモ用紙と筆記用具が会場で支給されるので、それを使います。ペーパーテストでは、問題冊子に直接書き込みが可能です。

繰り返し取り組んで問題に慣れる！

　制限時間を意識しながら手早く解くことが大切です。解法を考えたり計算をするのに手間取ると、制限時間に間に合いません。

　対策としては、何度も問題を解いて、問題形式に慣れておくことです。問題を見て、解法がパッと浮かぶくらいまで繰り返しましょう。

●SPIの出題範囲の比較【非言語】

問題の種類	SPI-U		
	テストセンター	ペーパーテスト	WEBテスティングサービス
料金の総額	○	○	×
金銭の貸借	○	○	×
分割払い	○	○	×
仕入れ値（原価）と定価	○	○	○
割合の計算	○	×	○
速さ	○	○	○
組み合わせ	○	○	○
確率	○	○	○
図表の読み取り	○	○	○
集合	○	○	○
長文読解（計算）	○	×	×
推論	○	○	○
モノの流れと比率	×	○	×
グラフの領域	×	○	×
整数の推理	×	×	○

同じ組内の情報をうまく使い回す！

　手早く解くための、もう1つの方法は、組問題であることに着目して「情報をうまく使い回す」ことです。1問目を解く途中で使った計算が、2問目にも使えることがあります。つまり、1問目の時点で「使い回し」を意識して、途中の計算過程をメモしておけば、2問目では再度、同じ計算をする手間が省けるということになります。

6 料金の総額

○テスセン ○ペーパー

正解へのカギ

● まずは、割引になる条件と、割引率がいくらなのか
を確認

● 混乱しそうなときは、料金表を作る

例題 次の説明を読んで、問題に答えなさい。

あるホテルでは、2泊以上連続で宿泊予約をすると、宿泊料金が割引される。
割引率は、宿泊基本料金から1泊目は10%引き、2泊目は15%引き、3泊目
は20%引き、4泊目以降は30%引きである。

問 1泊の宿泊基本料金が1名8,000円のとき、3名で2泊予約すると、宿泊
料金はいくらか。

A：28,000円　　　　B：34,200円　　　　C：38,400円
D：40,000円　　　　E：40,800円　　　　F：42,000円
G：43,200円　　　　H：48,000円　　　　I：60,000円
J：AからIのいずれでもない

よくわかる スピード 解法

まずは、割引になる条件と、割引率がいくらなのかを確認しましょう。

割引になる条件は、2泊以上連続で宿泊予約をすることです。割引率は、まとめると以下の通りで、何泊目かによって異なります。

・1泊目　　10%引き
・2泊目　　15%引き
・3泊目　　20%引き
・4泊目〜　30%引き

答えるのは1泊の基本料金が1名8,000円のときに、3名で2泊した場合の宿泊料金の総額です。1泊目は10%引き、2泊目は15%引きなので、計算すると以下のようになります。

> 基本料金の10%引きは
> 基本料金の90%＝0.9

1泊目の1人料金　8,000円× 0.9＝7,200円 ┐ 合計
2泊目の1人料金　8,000円×0.85＝6,800円 ┘ 14,000円
14,000円×3人＝42,000円

> 基本料金の15%引きは
> 基本料金の85%＝0.85

正解 F：42,000円

練習問題　料金の総額

次の説明を読んで、問題に答えなさい。

ある水族館の入館料金は大人900円、子ども400円である。大人は20人を超えた分について2割引、子どもは30人を超えた分について1割引になる。

1 大人20人、子ども60人、合計80人の料金の総額はいくらか。

A：30,000円　　　B：33,600円　　　C：36,000円
D：36,800円　　　E：37,800円　　　F：39,600円
G：40,800円　　　H：42,000円　　　I：50,000円
J：AからIのいずれでもない

2 大人70人、子ども70人、合計140人の料金の総額はいくらか。

A：56,000円　　　B：72,800円　　　C：75,600円
D：78,500円　　　E：80,400円　　　F：81,800円
G：81,900円　　　H：87,000円　　　I：91,000円
J：AからIのいずれでもない

| 解説 | # 料金の総額 |

1 　大人と子どもでは、割引対象になる人数も、割引率も異なります。混乱を防ぐために、最初に、以下のような料金表を作るとよいでしょう。

	人	円
大人	1～20	900
	21～	720
子ども	1～30	400
	31～	360

900円の2割引なので、
900 × 0.8 = 720円

400円の1割引なので、
400 × 0.9 = 360円

あとは、料金表を見ながら、大人20人と子ども60人の料金を計算します。

大人　　900円×20人＝18,000円

子ども　400円×30人＝12,000円
　　　　360円×30人＝10,800円

合計 40,800円

正解 **G：40,800円**

2 　**1** で作成した料金表を見ながら、大人70人と子ども70人の料金を計算します。

大人　　900円×20人＝18,000円
　　　　1 で計算済み

　　　　720円×50人＝36,000円

合計 80,400円

子ども　400円×30人＝12,000円
　　　　1 で計算済み

　　　　360円×40人＝14,400円

正解 **E：80,400円**

料金の総額　55

○テスセン ○ペーパー

7 金銭の貸借

正解へのカギ

- 借金は返済する。買い物などの代金は割り勘にする
- 割り勘の額は「代金÷人数」で求める

例題 次の説明を読んで、問題に答えなさい。

　LとMは、2人で知人の新築祝いの品を買うことにした。LはMに5,000円渡し、Mは12,000円の祝いの品を買った。また、もともとLはMに4,000円貸していた。

問 この時点で、2人の間の貸し借りをすべて精算するには、どちらがどちらにいくら支払えばよいか。ただし、新築祝いの品の代金は2人が同額ずつ負担する。

A：LがMに1,000円支払う　　　B：LがMに2,000円支払う
C：LがMに3,000円支払う　　　D：LがMに4,000円支払う
E：LがMに5,000円支払う　　　F：MがLに1,000円支払う
G：MがLに2,000円支払う　　　H：MがLに3,000円支払う
I：MがLに4,000円支払う　　　J：MがLに5,000円支払う

56　非言語

よくわかる スピード 解法

2人の間の貸し借りをすべて精算するには、「新築祝いの品を、割り勘になるよう精算する」ことと、「MはLに借りていた金銭を返す」ことの2つが必要です。2つを区別せずに、この時点でLとMがいくらずつ出しているかをまとめます。

Lが出したお金
①新築祝いの品を買うためにMに渡した5,000円
②もともとMに貸していた4,000円
合計 **9,000円**

Mが出したお金
③新築祝いの品を買った**12,000円**

次にLの立場で精算を考えます。Lが最終的に負担するのは、新築祝いの品を割り勘にした額です。

新築祝い   1人の負担額
12,000円 ÷ 2人 = 6,000円

Lは、この時点で9,000円出しています。よって、LはMから3,000円を返してもらう必要があります。

Lが出した額 本来のL負担額 MがLに支払う額
9,000円 − 6,000円 = 3,000円

正解 H：M が L に3,000 円支払う

練習問題 金銭の貸借

次の説明を読んで、問題に答えなさい。

甲、乙、丙の3人の間には次のような貸し借りがある。甲は乙に2,000円の借金があり、丙は甲に5,000円、乙に3,500円の借金がある。

ある日3人で遊園地に行った。代金は1人5,000円であったが、とりあえず丙が合計15,000円を支払った。このあと3人の間で貸し借りが無くなるように精算する方法として、次の2通りの方法を考えた。

①甲が丙に（a）円支払い、丙が乙に（b）円支払う
②甲が乙に（c）円支払い、乙が丙に（d）円支払う
ただし、a、b、c、dは、すべて0または正の整数とする。

1 （a）に当てはまるのはいくらか。

A：0 　　　　　　 B：500 　　　　　　 C：1,000
D：1,500 　　　　 E：2,000 　　　　　 F：2,500
G：3,000 　　　　 H：3,500 　　　　　 I：この方法では精算できない

2 （b）に当てはまるのはいくらか。

A：0 　　　　　　 B：500 　　　　　　 C：1,000
D：1,500 　　　　 E：2,000 　　　　　 F：2,500
G：3,000 　　　　 H：3,500 　　　　　 I：この方法では精算できない

58　非言語

解説 金銭の貸借

1 3人の貸し借りをまとめると、以下の通りです。

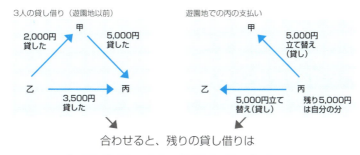

合わせると、残りの貸し借りは

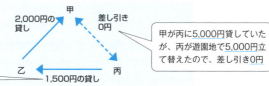

求めるのは「①甲が丙に（a）円支払い、丙が乙に（b）円支払う」場合の、(a) です。

甲は、本来は乙に2,000円支払わなければならないのですが、①の方法では、甲は乙に直接支払うことができません。そこで、丙を通して以下のように精算します。

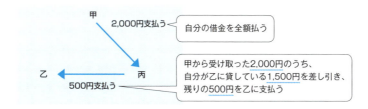

正解　E：2,000

2 すでに **1** で「甲が丙に2,000円支払い、丙が乙に500円支払う」ことが分かっています。(b) に入るのは500です。

正解　B：500

8 分割払い

正解へのカギ
- 支払い方法を図にする
- 総額を「1」と考える

例題 次の説明を読んで、問題に答えなさい。

ある人がカメラを購入する。購入の契約時に総額の1/6を支払い、残額は分割払いすることにした。

問 残額を3回に均等に分割して支払う場合、1回の支払額は総額のどれだけに当たるか。ただし利子はかからないものとする。

A：1/18　　B：1/6　　C：1/5
D：1/24　　E：1/4　　F：5/18
G：1/3　　H：3/4　　I：5/6
J：AからIのいずれでもない

よくわかる スピード 解法

分割払いの1回の支払額が、「総額」のどれだけに当たるかを求める問題です。

問題文の内容を、図にまとめると以下の通りです。総額から、「契約時」の支払額を引き、残りを3等分すると、1回の支払額が分かります。総額は「1」と考えましょう。

$$\underset{\text{総額}}{\left(1-\underset{\text{契約時}}{\frac{1}{6}}\right)} \underset{\text{3等分}}{\div 3} = \frac{5}{6} \div 3 = \frac{5}{6 \times 3} = \underset{\text{1回の支払額}}{\frac{5}{18}}$$

正解 F：5/18

練習問題 分割払い

次の説明を読んで、問題に答えなさい。

ある人がカメラを購入し、代金は3回に分けて支払うことにした。初回は総額の1/7を支払った。

1 2回目に初回の支払額の2/3を支払い、3回目に残り全部を支払うものとすると、3回目に支払う金額は、<u>総額</u>のどれだけに当たるか。ただし利子はかからないものとする。

A：5/21　　　　B：2/7　　　　C：8/21
D：10/21　　　E：11/21　　　F：13/21
G：5/7　　　　H：16/21　　　I：6/7
J：AからIのいずれでもない

2 2回目は総額の半分を支払い、3回目に残り全部を支払うものとすると、3回目に支払う金額は、<u>初回の支払額</u>のどれだけに当たるか。ただし利子はかからないものとする。

A：1/6　　　　B：5/14　　　　C：13/28
D：5/2　　　　E：7/2　　　　F：15/4
G：9/2　　　　H：19/4　　　I：6倍
J：AからIのいずれでもない

解説 分割払い

1 3回目の支払額が、「総額」のどれだけに当たるかを求める問題です。

問題文の内容を、図にまとめると以下の通りです。3回目の支払額は、初回と2回目の残りなので「総額－(初回＋2回目)」です。総額は「1」と考えましょう。

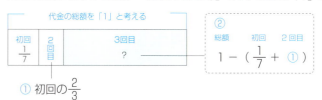

① $\dfrac{1}{7} \times \dfrac{2}{3} = \dfrac{2}{21}$ （初回 × 2回目）

② $1 - \left(\dfrac{1}{7} + \dfrac{2}{21}\right) = \dfrac{21}{21} - \left(\dfrac{3}{21} + \dfrac{2}{21}\right) = \dfrac{16}{21}$

正解 H：16/21

2 今度は、3回目の支払額が、「初回の支払額」のどれだけに当たるかを求めます。3回目を計算して（①）から、「3回目÷初回」（②）の割り算をします。

① $1 - \left(\dfrac{1}{7} + \dfrac{1}{2}\right) = \dfrac{14}{14} - \left(\dfrac{2}{14} + \dfrac{7}{14}\right) = \dfrac{5}{14}$

② $\dfrac{5}{14} \div \dfrac{1}{7} = \dfrac{5 \times 7^1}{_2 14 \times 1} = \dfrac{5}{2}$

正解 D：5/2

9 仕入れ値(原価)と定価

正解へのカギ

- 公式「仕入れ値＋利益＝定価（または販売価格）」
- 原価は、仕入れ値と同じと考える

例題　次の説明を読んで、問題に答えなさい。

問　定価600円の商品を10%引きで売ったところ、仕入れ値の20%の利益を得た。仕入れ値はいくらか。

A：380円　　B：400円　　C：432円
D：436円　　E：450円　　F：480円
G：500円　　H：520円　　I：550円
J：AからIのいずれでもない

よくわかる スピード 解法

「仕入れ値＋利益＝定価（または販売する価格）」です。

これを、この問題に当てはめると、「仕入れ値」＋「仕入れ値の20%の利益」＝「定価の10%引きで販売」という式が成り立ちます。

求める仕入れ値を「x円」として、上記の式に、問題文の数値を当てはめます。そしてxを求めます。

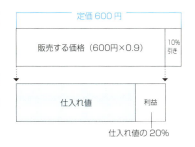

仕入れ値　仕入れ値の20%の利益　定価の10%引きで販売
$$x円 + (x円 × 0.2) = 600円 × 0.9$$

定価の10%引きは
定価の90% ＝ 0.9

$$x + 0.2x = 540$$
$$1.2x = 540$$
$$x = 540 ÷ 1.2$$
$$x = 450$$

正解 E：450円

練習問題 仕入れ値（原価）と定価

次の説明を読んで、問題に答えなさい。

1 定価の2割引で売って、原価の2割が利益となるように定価を決めたい。原価800円の品物の定価はいくらに決めればよいか（必要なときは、最後に小数点以下第1位を四捨五入せよ）。

A：640円   B：800円   C：920円
D：944円   E：960円   F：1,092円
G：1,152円   H：1,200円   I：1,800円
J：AからIのいずれでもない

2 定価の2割引で売って、1個につき40円の利益となるように定価を決めたい。原価600円の品物の定価はいくらに決めればよいか（必要なときは、最後に小数点以下第1位を四捨五入せよ）。

A：512円   B：520円   C：533円
D：640円   E：768円   F：800円
G：840円   H：896円   I：900円
J：AからIのいずれでもない

解説 仕入れ値（原価）と定価

1章 SPI-3 テストセンター・ペーパーテスト

1　原価＝仕入れ値です。

求める定価を「x 円」として、「原価＋利益＝定価（または販売価格）」の式に問題の数値を当てはめます。

原価　　原価の2割の利益　　定価の2割引で販売
$$800円＋（800円×0.2）＝x 円×0.8$$

> 定価の2割引は
> 定価の80%＝0.8

$$800＋160＝0.8x$$
$$960＝0.8x$$
$$x＝960÷0.8$$
$$x＝1,200$$

正解 H：1,200円

2　**1** と同じく、求める定価を「x 円」として、「原価＋利益＝定価（または販売価格）」の式に問題の数値を当てはめます。

原価　　40円の利益　定価の2割引で販売
$$600円 ＋ 40円＝x 円×0.8$$
$$640＝0.8x$$
$$x＝640÷0.8$$
$$x＝800$$

正解 F：800円

仕入れ値（原価）と定価　67

10 割合の計算

○テスセン ✕ペーパー

正解へのカギ

- 公式「全体の数×内訳の割合＝内訳の数」
- 何を基準にした割合なのかに気をつける

例題 次の説明を読んで、問題に答えなさい。

ある会社の資料室で、新たにCDコーナーを作ることになり、CDが4,000枚収納できる棚を設置した。

問 用意したCDを収納したら、棚の37%が埋まり、そのうち20%が「朗読」のCDだった。この棚に収納した「朗読」のCDは何枚か。

A：200枚　　　　B：296枚　　　　C：372枚
D：504枚　　　　E：680枚　　　　F：800枚
G：1,187枚　　　H：1,480枚　　　I：2,520枚
J：AからIのいずれでもない

68　非言語

よくわかる スピード 解法

朗読のCDが何枚かを求める問題です。

棚には4,000枚収納できます。用意したCDを収納したら棚が37%埋まったので、CDの枚数は4,000枚×37%です。

さらに、そのうち20%が朗読のCDの枚数です。4,000枚に37%と20%を掛け算すれば、朗読のCDの枚数が分かります。

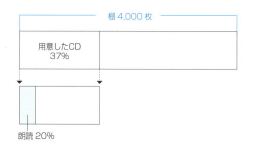

正解 B：296枚

練習問題　割合の計算

次の説明を読んで、問題に答えなさい。

ある人が畑にイモとニンジンとタマネギを植えることにした。畑全体の面積の1/4にはイモを植えた。

1 イモを植えた面積の3/5倍の面積にニンジンを植えて、残りの面積にタマネギを植えることにする。タマネギを植える面積は畑全体のどれだけか。

A：1/10　　　B：3/20　　　C：1/4
D：2/5　　　E：9/20　　　F：11/20
G：3/5　　　H：3/4　　　I：17/20
J：9/10

2 畑全体の面積の5/12にニンジンを植えて、まだ何も植えていないところに黄と紫のタマネギを、5：3の割合で植えることにする。黄のタマネギを植える面積は畑全体のどれだけか。

A：1/24　　　B：1/15　　　C：1/9
D：1/8　　　E：5/24　　　F：1/4
G：1/3　　　H：35/96　　　I：3/8
J：1/2

解説 割合の計算

1 タマネギを植える面積が、畑全体のどれだけに当たるかを求める問題です。

問題文の内容を、図にまとめると以下の通りです。タマネギを植える面積は、イモとニンジンの残りなので「畑－(イモ＋ニンジン)」です。畑の面積は「1」と考えましょう。

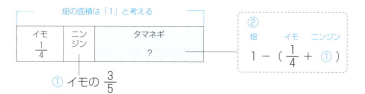

① $\dfrac{1}{4} \times \dfrac{3}{5} = \dfrac{3}{20}$ （イモ　ニンジン）

② $1 - \left(\dfrac{1}{4} + \dfrac{3}{20}\right) = \dfrac{20}{20} - \left(\dfrac{5}{20} + \dfrac{3}{20}\right) = \dfrac{12}{20}^{3}_{5} = \dfrac{3}{5}$

正解　G：3/5

2 今度は、黄のタマネギを植える面積が、畑全体のどれだけに当たるかを求めます。タマネギの面積を計算して（①）から、「タマネギの面積×タマネギの中での黄の割合」（②）を計算します。タマネギの中での黄の割合は、$\dfrac{黄}{黄＋紫}$ なので $\dfrac{5}{8}$ です。

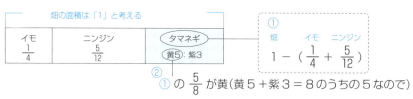

① $1 - \left(\dfrac{1}{4} + \dfrac{5}{12}\right) = \dfrac{12}{12} - \left(\dfrac{3}{12} + \dfrac{5}{12}\right) = \dfrac{4}{12}^{1}_{3} = \dfrac{1}{3}$

② $\dfrac{1}{3} \times \dfrac{5}{8} = \dfrac{5}{24}$ （タマネギ　黄のタマネギ）

正解　E：5/24

○テスセン ○ペーパー

11 速さ

正解へのカギ

● **速さの3公式**
　「距離＝速度×時間」「速度＝距離÷時間」
　「時間＝距離÷速度」

● **速度が「時速」のときは、時間も分単位から時間単位にそろえる**

例題 次の説明を読んで、問題に答えなさい。

　下表は、P駅を出発し、途中のQ駅に停車し、R駅に至る列車の時刻表である。ただしPQ駅間の距離は100kmとする。

```
P駅　発　14：50
 ↓
Q駅　着　16：05
　　　発　16：10
 ↓
R駅　着　16：55
```

問 PQ駅間の平均時速はいくらか（必要なときは、最後に小数点以下第1位を四捨五入すること）。

A：55km/時　　　　B：60km/時　　　　C：65km/時
D：70km/時　　　　E：75km/時　　　　F：80km/時
G：85km/時　　　　H：90km/時　　　　I：95km/時
J：AからIのいずれでもない

非言語

よくわかる スピード 解法

平均時速は「距離÷時間」で求めます。
まず、PQ駅間の距離は、問題文から100kmです。

時間は、時刻表から1時間15分です。求めるのは時速なので、時間は分単位ではなく、時間単位にそろえます。

$$1時間15分 = 75分 = \frac{75}{60}時間 = \frac{5}{4}時間$$

> 頭の中に時計を思い浮かべて
> $15分 = \frac{1}{4}$ 時間だから、
> 1時間15分 = $\frac{5}{4}$ 時間と
> 考えてもよい

$$100km ÷ \frac{5}{4}時間 = \frac{100 \times 4}{5} = 80km/時$$

正解 F:80km/時

| 練習問題 | **速さ** |

次の説明を読んで、問題に答えなさい。

池の周りに、1周3.2㎞のサイクリングコースがある。

1 PとQは、同じ地点から同時に反対方向に走り出し、10分後にすれ違った。Pが時速9.0㎞/時で走っていたとすると、Qの時速は何㎞/時か（必要なときは、最後に小数点以下第2位を四捨五入せよ）。

A：6.0㎞/時　　　　B：7.2㎞/時　　　　C：7.9㎞/時
D：8.4㎞/時　　　　E：9.8㎞/時　　　　F：10.2㎞/時
G：12.0㎞/時　　　H：13.8㎞/時　　　I：15.0㎞/時
J：AからIのいずれでもない

2 PとQは同じ地点におり、まずPが時速9.0㎞/時で出発する。その20分後にQが同じ方向に時速7.0㎞/時で走り出す。PがQに最初に追い付くのは、Qが走り出してから何分後か。

A：3分後　　　　　B：6分後　　　　　C：10分後
D：12分後　　　　E：15分後　　　　F：20分後
G：30分後　　　　H：36分後　　　　I：40分後
J：AからIのいずれでもない

74　非言語

解説 速さ

1 PとQが10分後にすれ違ったということは、2人が走った距離は合わせて3.2km（1周分）です。Pの距離を求め、1周から引くとQの距離が分かります。

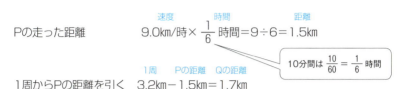

Qは10分間で1.7km走っています。1時間で走る距離（時速）は6倍です。

10分の距離　6倍　1時間の距離（時速と同じ）
1.7km　×6　＝10.2km　➡　1時間に10.2km走るのだから、時速「10.2km/時」

正解　F：10.2km/時

2 先に走り出したのはPで、速度が速いのもPです。つまり、Pは1周した後に、周回遅れのQに追い付くのです。

Pが先行する20分間に進んだ距離を求め、残りどれだけで1周になるか計算しましょう。この残りの距離が、Qが出発する時点で2人が離れている距離です。この距離が埋まれば、PはQに追い付くことができます。

　　　　　　　　　速度　　　時間　　　　距離
Pの先行距離　　9.0km/時×$\frac{1}{3}$時間＝9÷3＝3.0km

　　　　　　　　　　1周　　Pの距離　2人の距離
Q出発時の2人の距離　3.2km－3.0km＝0.2km

　　　　　　　　　　　　Pの速度　　Qの速度　　速度差
1時間に縮められる距離　9.0km/時－7.0km/時＝2.0km/時

（1時間に2.0kmの距離を埋められる）

2人の距離は0.2km（2.0kmの$\frac{1}{10}$）なので、距離を埋めるために必要な時間は、1時間の$\frac{1}{10}$の6分です。

正解　B：6分後

12 組み合わせ

正解へのカギ

- 組み合わせを求める公式

$$_{総数}C_{選ぶ数} = \frac{総数から始めて、選ぶ数の個数だけ順に掛ける}{選ぶ数から1までを順に掛ける}$$

- 「～で、なおかつ～の組み合わせ」のときは、2つの組み合わせを掛け算する

- 「～か、または～の組み合わせ」のときは、2つの組み合わせを足し算する

例題

次の説明を読んで、問題に答えなさい。

問 7人で会議をする。この7人の中から、議長と書記を1人ずつ選ぶとすると、選び方は何通りあるか。

A：14通り　　　B：21通り　　　C：42通り
D：49通り　　　E：AからDのいずれでもない

よくわかる スピード 解法

求めるのは、「①議長を1人選んで」、なおかつ「②書記を1人選ぶ」組み合わせです。

①議長を1人選ぶ組み合わせ
　　7人から議長を1人選ぶので、7通りです。

②書記を1人選ぶ組み合わせ
　　①で議長になった1人を除いて考えます。残り6人から書記を1人選ぶので、6通りです。

「〜で、なおかつ〜の組み合わせ」を求めるには、2つの組み合わせを掛け算します。

　　①　なおかつ　②　　　　議長と書記を1人ずつ選ぶ組み合わせ
　　7通り × 6通り = 42通り

正解 C：42通り

練習問題 組み合わせ

次の説明を読んで、問題に答えなさい。

日本史が5問、世界史が4問の合計9問の問題がある。ここから何問か選んで、試験問題を作る。

1 日本史だけから3問選ぶとすると、その選び方は何通りあるか。ただし、問題の順番は考えないものとする。

A：3通り　　　　B：4通り　　　　C：5通り
D：9通り　　　　E：10通り　　　F：15通り
G：24通り　　　H：36通り　　　I：60通り
J：AからIのいずれでもない

2 日本史と世界史をそれぞれ少なくとも1問は選び、全部で3問選ぶとすると、その選び方は何通りあるか。ただし、問題の順番は考えないものとする。

A：5通り　　　　B：9通り　　　　C：30通り
D：40通り　　　E：45通り　　　F：53通り
G：70通り　　　H：84通り　　　I：96通り
J：AからIのいずれでもない

78　非言語

解説　組み合わせ

1　日本史5問から3問を選ぶ組み合わせなので、以下のようになります。

総数（5）から始めて、選ぶ数（3）の個数だけ順に掛ける

$$_5C_3 = \frac{5 \times 4 \times 3}{3 \times 2 \times 1} = 10通り$$

日本史の　　選ぶ数　　選ぶ数から1までを順に掛ける
総数5問

正解　E：10通り

2　3問の選び方として考えられるのは、以下のいずれか（①または②）です。

①日本史2問で、なおかつ、世界史1問

日本史　　なおかつ　世界史　　①の組み合わせ
10通り　　　×　　　4通り　＝　40通り

5問から2問選ぶので
$_5C_2 = \dfrac{5 \times 4}{2 \times 1} = 10通り$

4問から1問
選ぶので4通り

②日本史1問で、なおかつ、世界史2問

日本史　　なおかつ　世界史　　②の組み合わせ
5通り　　　×　　　6通り　＝　30通り

5問から1問
選ぶので5通り

4問から2問選ぶので　$_4C_2 = \dfrac{4 \times 3}{2 \times 1} = 6通り$

問題の選び方は①または②なので、2つの組み合わせを足し算します。

①　　または　　②　　　　選び方
40通り　＋　30通り　＝　70通り

正解　G：70通り

組み合わせ　79

○テスセン ○ペーパー

13 確率

正解へのカギ

- 公式「確率＝ $\dfrac{当てはまる場合の数}{全体の数}$ 」

- A にならない確率は「1 － A になる確率」で求める

- 「～で、なおかつ～の確率」のときは、2 つの確率を掛け算する

- 「～か、または～の確率」のときは、2 つの確率を足し算する

例題 次の説明を読んで、問題に答えなさい。

あるサークルのメンバーは女性3人、男性4人である。この中から代表者2人をくじ引きで選ぶことになった。

問 代表者の2人ともが女性になる確率はどれだけか。

A：1/42 　　 B：6/49 　　 C：1/7

D：2/9 　　 E：2/7 　　 F：1/3

G：3/7 　　 H：4/9 　　 I：5/7

J：Aから I のいずれでもない

80 非言語

よくわかる スピード 解法

代表者の2人ともが女性になるのは、「①代表の1人目が女性」で、なおかつ「②代表の2人目も女性」のときです。

①代表の1人目が女性の確率

代表の1人目が女性になるのは、メンバー7人のうち、女性3人のいずれかが選ばれる場合なので、確率は「$\frac{3}{7}$」です。

②代表の2人目も女性の確率

①で代表になった女性を除いて考えます。代表の2人目も女性になるのは、残りのメンバー6人のうち、女性の残り2人のいずれかが選ばれる場合なので、確率は「$\frac{2}{6}$」です。

「～で、なおかつ～の確率」を求めるには、2つの確率を掛け算します。

$$\underset{\text{①の確率}}{\frac{3}{7}} \quad \underset{\text{なおかつ}}{\times} \quad \underset{\text{②の確率}}{\frac{2}{6}} \quad = \quad \frac{3\times2}{7\times6} \quad = \quad \underset{\text{代表2人ともが女性の確率}}{\frac{1}{7}}$$

正解 C：1/7

練習問題 確率

次の説明を読んで、問題に答えなさい。

2つのくじ引きP、Qで当番を決める。Pのくじに当たる確率は0.35、Qのくじに当たる確率は0.4である。

1 P、Q両方のくじを引いた人が、PもQもはずれる確率はいくらか（必要なときは、最後に小数点以下第3位を四捨五入せよ）。

A：0.14 　　　B：0.35 　　　C：0.39
D：0.40 　　　E：0.60 　　　F：0.61
G：0.65 　　　H：0.75 　　　I：0.86
J：AからIのいずれでもない

2 P、Q両方のくじを引いた人が、PかQのいずれか一方だけに当たる確率はいくらか（必要なときは、最後に小数点以下第3位を四捨五入せよ）。

A：0.15 　　　B：0.21 　　　C：0.26
D：0.38 　　　E：0.47 　　　F：0.55
G：0.61 　　　H：0.75 　　　I：0.86
J：AからIのいずれでもない

解説 確率

1 はずれる確率は、「1-当たる確率」で求めます。

くじは、当たるか、はずれるかのどちらかです。すべての確率を足すと「1」となるのが、確率の特徴なので、はずれる確率を求めるには、1から当たる確率を引けばよいのです。

              当たる確率　　はずれる確率
P　　1　－　0.35　＝　0.65

Q　　1　－　0.4　　＝　0.6

答えるのは「Pがはずれで、なおかつ、Qがはずれの確率」です。「~で、なおかつ~の確率」を求めるには、2つの確率を掛け算します。

Pはずれ　なおかつ　Qはずれ　　PもQもはずれる確率
0.65　　　×　　　0.6　　＝　0.39

正解 C：0.39

2 P、Qいずれか一方だけ当たるのは、以下のいずれかの場合（①または②）です。

① Pが当たりで、なおかつ、Qがはずれ

② Pがはずれで、なおかつ、Qが当たり

「~で、なおかつ~の確率」は、**1**で説明したように2つの確率を掛け算します。「~か、または~の確率」を求めるには、2つの確率を足し算します。

P当たり　なおかつ　　Qはずれ　　Pだけ当たる確率
①0.35　　×　　（1－0.4）＝　0.21
　　　　　　　　　　1で計算済み

①または②なので、足し算します。
0.21＋0.26＝0.47

　　　　　　Pはずれ　　なおかつ　Q当たり　Qだけ当たる確率
②（1－0.35）　×　　　0.4＝　0.26
　1で計算済み

正解 E：0.47

14 図表の読み取り

○テスセン ○ペーパー

正解へのカギ

● 図表を見ながら問題に答える

● 割合の計算がよく出る

例題　次の説明を読んで、問題に答えなさい。

　S、T、U、Vの4つの会社が合同で、運動会を開催した。この運動会では、綱引き、玉入れ、ダンスのいずれか1種目に参加しなければならない。

　表は、この運動会の種目ごとの参加者と、そのうちの各社の社員が占める割合をまとめたものである。

種目		綱引き	玉入れ	ダンス
参加者		60人	180人	160人
会社	S	15%	40%	35%
	T		20%	30%
	U	25%	15%	5%
	V		25%	30%
計		100%	100%	100%

問　綱引きの参加者のうち、T社の社員の数は、V社の社員の数のちょうど2倍だった。綱引きに参加したT社の社員は何人か。

A：6人　　　　B：12人　　　　C：15人

D：21人　　　　E：24人　　　　F：27人

G：30人　　　　H：36人　　　　I：39人

J：AからIのいずれでもない

よくわかる スピード 解法

綱引きの参加者は60人で、内訳の割合が表の色の部分です。色部分の合計は100%で、不明のTとVは問題文から「TはVの2倍」と分かっています。

「TはVの2倍」ということは、Tが2のときには、Vが1になります。つまり、TとVは「2：1」の関係です。

これを使って、Tの割合を求めます。すなわち、綱引き全体の割合から、SとUの割合を引いて、残りを「2：1」に分けます。「2」に当たるのがTの割合です。Tの割合が分かったら、綱引きの参加者数に掛け算して、綱引きに参加したT社の社員の数を求めます。

TはVの2倍

種目		綱引き	玉入れ	ダンス
参加者		60人	180人	160人
会社	S	15%	40%	35%
	T		20%	30%
	U	25%	15%	5%
	V		25%	30%
計		100%	100%	100%

綱引き合計　　S割合　　U割合　　　T＋V

$$100\% - (15\% + 25\%) = 60\%$$

$$T \quad V$$

$$40\% : 20\%$$

TとVは「2：1」の関係なので

綱引き参加者　　T割合　　T人数

$$60人 \times 0.4 = 24人$$

正解 E：24人

練習問題 図表の読み取り

次の説明を読んで、問題に答えなさい。

ある会社の社員旅行で、リゾートホテルに2日間滞在する。滞在中の過ごし方として、ゴルフ、乗馬、登山、温泉の4つの中から、1日目と2日目に1つずつ選択することになっている。

表は、社員200人の選択状況を示したものである。

例えば、網掛けの部分は、1日目に温泉、2日目にゴルフを選択した社員が22人いることを表す。

(単位：人)

2日目＼1日目	ゴルフ	乗馬	登山	温泉	計
ゴルフ	7	13	4	22	46
乗馬	20	18	8	16	62
登山	15	6	14	5	40
温泉	ア		10	12	52
計			36	55	200

1 2日間のうち、少なくとも1日は登山を選択した社員は、全体の何%か（必要なときは、最後に小数点以下第1位を四捨五入せよ）。

A：5%　　　　B：10%　　　　C：18%

D：20%　　　　E：24%　　　　F：28%

G：31%　　　　H：38%　　　　I：40%

J：AからIのいずれでもない

2 1日目にゴルフを選択した社員のうちの30%が2日目に温泉を選択した。表中の空欄（ア）はいくつか。

A：11　　　　B：12　　　　C：13

D：14　　　　E：15　　　　F：16

G：17　　　　H：18　　　　I：19

J：AからIのいずれでもない

86　非言語

	解説	**図表の読み取り**

1 登山を選択した人を合計してから、「登山÷全体」の割り算をします。

1日目 2日目	ゴルフ	乗馬	登山	温泉	計
ゴルフ	7	13	4	22	46
乗馬	20	18	8	16	62
登山	15	6	14	5	40
温泉	ア		10	12	52
計			36	55	200

2日とも登山(1日目にも
2日目にも数えられている)

2日目に登山を選択

1日目に登山を選択

1日目の計　2日目の計　2日とも登山　少なくとも1日は登山
$$36 \ + \ 40 \ - \ 14 \ = \ 62$$

登山　　全体　　　　　　　全体の何%か
$$62 \ \div \ 200 \ = \ 0.31 \ = \ 31\%$$

正解 G：31%

2 x人(1日目にゴルフ、2日目に温泉を選択した人数)

1日目 2日目	ゴルフ	乗馬	登山	温泉	計
ゴルフ	7	13	4	22	46
乗馬	20	18	8	16	62
登山	15	6	14	5	40
温泉	ア		10	12	52
計			36	55	200

y人(1日目にゴルフを選択した人数)

求める（ア）を x とすると、問題文から以下の式が成り立ちます。

1日目がゴルフ　　うち30%
$$x = \ y \ \times \ 0.3 \ \ \ \cdots ①$$

y は、1日目にゴルフを選択した人なので、表の色部分の合計です。
$$y = (7 + 20 + 15) + \ x \ \ \cdots ②$$

あとは②の右式を、①の y に代入して、x を求めます。
$$x = \ y \ \times \ 0.3$$
$$x = ((7 + 20 + 15) + x) \times \ 0.3$$
$$x = 18$$

正解 H：18

15 集合

正解へのカギ

- 集合の表に直す
- あとは、引き算と足し算で表を埋めていく

例題 次の説明を読んで、問題に答えなさい。

ある会社で、男性社員300人、女性社員300人、合計600人を対象に通勤で使う交通機関について調査を行った結果、次のことが分かった。

I) 通勤に電車を使う人は500人で、そのうち男性社員は210人

II) 男性社員の中で通勤にバスを使う人は130人

問 男性社員で、電車もバスも両方使っている人は70人だった。バスを使って電車を使わない男性社員は、何人いるか。

A：30人　　B：60人　　C：80人
D：90人　　E：130人　　F：140人
G：170人　　H：210人　　I：230人
J：AからIのいずれでもない

よくわかる スピード 解法

　問題に書かれている情報を、集合の表に直すと分かりやすくなります。

　男性社員と女性社員がいますが、問われているのは男性社員なので、男性社員の情報だけを表にします。

　男性社員が通勤に使う交通機関について、問題文から最初に分かる情報は、右の表の通りです。空欄は①〜⑤の5つあります。

		電車を使う ○ はい	電車を使う × いいえ	計
バスを使う	○ はい	70	①	130
バスを使う	× いいえ	②	③	④
	計	210	⑤	300

　求めるのは「バスを使って電車を使わない男性社員」なので空欄①です。バスを使う130人から、電車も使う70人を引けば①が分かります（表の色の部分）。

　バスを使う　電車も使う　バスだけ使う
130人 − 70人 = 60人

　ここでは計算しませんでしたが、表をすべて埋めると右のようになります。

		電車を使う ○ はい	電車を使う × いいえ	計
バスを使う	○ はい	70	60	130
バスを使う	× いいえ	140	30	170
	計	210	90	300

※集合の表の代わりに、集合の図を使ってもかまいません。以下のようになります。

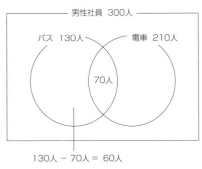

正解 B：60人

練習問題 集合

次の説明を読んで、問題に答えなさい。

ある雑誌で読者300人に対し調査を行った。調査項目と集計結果の一部は、次の通りである。

調査項目	回答状況	
旅行は好きですか	はい	210人
	いいえ	90人
京都へ行ったことがありますか	はい	160人
	いいえ	140人
読書は好きですか	はい	180人
	いいえ	120人
川端康成の「古都」を読んだことがありますか	はい	60人
	いいえ	240人

1 旅行も読書も好きだと答えた人が140人いた。いずれも好きでないと答えた人は何人いることになるか。

A：20人   B：30人   C：40人
D：50人   E：60人   F：70人
G：130人   H：140人   I：150人
J：AからIのいずれでもない

2 「古都」を読んだ人のうち、京都へ行ったことがある人は1/4だった。「古都」を読んだこともなく、かつ京都へ行ったこともない人は何人いることになるか。

A：10人   B：20人   C：35人
D：50人   E：65人   F：80人
G：95人   H：110人   I：125人
J：AからIのいずれでもない

解説 集合

1 最初に分かっている情報は、右の表の通りです。

求めるのは、空欄③です。

まずは空欄①から埋めましょう。読書が好きな人は180人です。

$180-140=40$ …①

次に、①を使って空欄③を求めます。旅行が嫌いな人は90人です。

$90-40=50$ …③

※ここでは計算しませんでしたが、②は「210−140=70」です。

旅行は好きですか

	○ はい	× いいえ	計
読書は好きですか ○ はい	140	①	180
× いいえ	②	③	120
計	210	90	300

旅行は好きですか

	○ はい	× いいえ	計
読書は好きですか ○ はい	140	40	180
× いいえ	70	50	120
計	210	90	300

正解 D：50人

2 最初に分かっている情報は、右の表の通りです。

求めるのは、空欄④です。

まずは空欄①から埋めましょう。

$60 \times \dfrac{1}{4} = 15$ …①

①を使って空欄③を求めます。

$60-15=45$ …③

③を使って空欄④を求めます。

$140-45=95$

※ここでは計算しませんでしたが、②は「160−15=145」です。

「古都」を読んだ

	○ はい	× いいえ	計
京都へ行った ○ はい	①(60人の1/4)	②	160
× いいえ	③	④	140
計	60	240	300

「古都」を読んだ

	○ はい	× いいえ	計
京都へ行った ○ はい	15	145	160
× いいえ	45	95	140
計	60	240	300

正解 G：95人

16 長文読解（計算）

正解へのカギ

- 本文から数値を読み取って計算する
- 使う数値をメモに書き出そう

例題　次の文章を読んで、問題に答えなさい。

　2008年（平成20年）の漁業生産量を魚種別にみると、ニシン・イワシ類が2,014万トンと最も多く、全世界の漁業生産量の22.2%を占めています。次いで、タラ類が769万トン（同8.5%）、マグロ・カツオ・カジキ類が631万トン（同7.0%）、イカ・タコ類が431万トン（同4.8%）、エビ類が312万トン（同3.4%）となっています。

　ニシン・イワシ類等の浮魚類は約50～70年周期で資源量が大規模な増減を繰り返すことが知られており、長期的にみると、生産量も極めて大きく変動しています。また、タラ類では過剰漁獲等を原因として漁獲量が減少傾向にあります。その他の魚類の生産量は長期的に増加傾向にあり、マグロ・カツオ・カジキ類については1950年（昭和25年）からの増加率が最も高く、11倍に増加しています。

[『平成21年度 水産白書』／水産庁]

問　1950年のマグロ・カツオ・カジキ類の漁業生産量は、およそどのくらいか。

A：約30万トン　　　B：約60万トン
C：約100万トン　　D：約300万トン

よくわかる スピード 解法

　一見すると普通の長文読解のようですが、1950年のマグロ・カツオ・カジキ類の漁業生産量が何万トンかは、本文には記載されていません。本文の数値を使って計算する必要があります。

　本文によると、2008年のマグロ・カツオ・カジキ類の漁業生産量は「631万トン」で、1950年の「11倍」です。2008年の漁業生産量を11で割り算すれば、1950年の漁業生産量が分かります。

2008年　　　　　　　　　　　　1950年
631万トン ÷ 11 ＝ 57.36…万トン ≒ 60万トン

なお、計算に使った数値の該当箇所は以下の通りです。

> 　2008年（平成20年）の漁業生産量を魚種別にみると、ニシン・イワシ類が2,014万トンと最も多く、全世界の漁業生産量の22.2％を占めています。次いで、タラ類が769万トン（同8.5％）、マグロ・カツオ・カジキ類が631万トン（同7.0％）、イカ・タコ類が431万トン（同4.8％）、エビ類が312万トン（同3.4％）となっています。
>
> 　ニシン・イワシ類等の浮魚類は約50〜70年周期で資源量が大規模な増減を繰り返すことが知られており、長期的にみると、生産量も極めて大きく変動しています。また、タラ類では過剰漁獲等を原因として漁獲量が減少傾向にあります。その他の魚類の生産量は長期的に増加傾向にあり、マグロ・カツオ・カジキ類については1950年（昭和25年）からの増加率が最も高く、11倍に増加しています。

正解 B：約60万トン

長文読解（計算）　93

練習問題 長文読解（計算）

次の資料の内容に合致するものは、ア、イ、ウのうちどれですか。

被子植物25万種のうち、3分の2にあたる17万種が熱帯に分布している。そのうち半分はメキシコ以南の中南米に、3万5,000種が熱帯アフリカに、また4万種が熱帯アジアに分布する。しかし、国や地域レベルの植物や動物の種数は、何十倍というちがいはない。維管束植物では、約15万㎢のマレー半島には約1,400属8,000種が分布するとされている。約2倍の面積をもつけれども氷河期の影響を受けているイギリス・ブリテン島では、620属1,430種であり、それとくらべればかなり多い。しかし、ブリテン島より2割大きな日本での1,250属5,565種からみると2倍にもならない。ただし、日本は亜寒帯から亜熱帯までの幅ひろい気候を持っていることに注意しなければならない。

［湯本貴和／『熱帯雨林』／岩波書店］

1 ア　熱帯アジアに分布する被子植物の種類は、被子植物全体の2割に満たない

　　イ　日本の面積は、マレー半島の面積の2.2倍だ

　　ウ　熱帯以外に分布している被子植物の種類と、熱帯アフリカに分布している被子植物の種類はほぼ同数である

　　A：アだけ　　　B：イだけ　　　C：ウだけ
　　D：アとイ　　　E：アとウ　　　F：イとウ

2 ア　分布する維管束植物の種類は、日本の方がマレー半島よりも少ない

　　イ　分布する維管束植物の種類でマレー半島は、イギリス・ブリテン島の2倍に及ばない

　　ウ　分布する維管束植物の種類でマレー半島は、日本の2倍に及ばない

　　A：アだけ　　　B：イだけ　　　C：ウだけ
　　D：アとイ　　　E：アとウ　　　F：イとウ

解説	**長文読解（計算）**	**1章** SPI-3 テストセンター・ペーパーテスト

1 ア～ウが正しいかどうかを、本文の数値を使って検討します。

○ ア 熱帯アジアに分布する被子植物の種類（①）を、被子植物全体の種類（②）で割り算して、割合を求めます。

    ①   ②
4万種　÷　25万種　＝0.16　➡　1.6割なので2割に満たない

× イ 本文によると、マレー半島の「2倍」（①）がイギリス・ブリテン島です。また、ブリテン島より「2割」大きい、つまり1.2倍（②）なのが日本です。マレー半島の大きさを「1」とすると、日本の大きさは以下の通りです。

   マレー半島　　　①　　　　　②　　　日本の大きさ
    1　×　2倍　×　1.2倍　＝　2.4倍　➡　2.2倍ではない

× ウ 熱帯以外に分布している被子植物の種類は、被子植物全体の種類（①）から、熱帯に分布している被子植物の種類（②）を引けば分かります。熱帯アフリカに分布する被子植物の種類は、本文によると「3万5,000種」です。

    ①   ②   熱帯以外に分布
25万種　－　17万種　＝　8万種　➡　ほぼ同数とはいえない

正解 **A：アだけ**

2 ア～ウが正しいかどうかを、本文の数値を使って検討します。

○ ア 分布する維管束植物の種類は、本文によると、日本が「1,250属5,565種」、マレー半島が「1,400属8,000種」です。日本の方が少ないので、アは資料の内容に合致します。

× イ マレー半島に分布する維管束植物の種類（①）を、イギリス・ブリテン島に分布する維管束植物の種類（②）で割り算して、割合を求めます。

    ①   ②
8,000種　÷　1,430種　＝5.59…　➡　約5.6倍なので2倍より大きい

○ ウ マレー半島に分布する維管束植物の種類について、本文に「日本での1,250属5,565種からみると2倍にもならない」と記載されています。

正解 **E：アとウ**

長文読解（計算）　95

17 推論

○ テスセン　○ ペーパー

正解へのカギ

● 条件から「導けること」と「導けないこと」を書き出す

● 「導けること」と「導けないこと」を推論と照らし合わせる

例題　次の説明を読んで、問題に答えなさい。

　ある人が11枚のクッキーを4日に分けて食べた。1日に4枚を食べた日が2日、1日に2枚を食べた日が1日、1日に1枚を食べた日が1日あった。1枚のクッキーを2日以上かけて食べた日はなかった。

問　次の推論ア、イ、ウのうち、<u>必ずしも誤りとはいえないもの</u>はどれか。AからHまでの中から1つ選びなさい。

　　ア　2日目に9枚目を食べた
　　イ　3日目に6枚目を食べた
　　ウ　3日目に3枚目を食べた

A：アだけ　　　　　　　　　　B：イだけ
C：ウだけ　　　　　　　　　　D：アとイの両方
E：アとウの両方　　　　　　　F：イとウの両方
G：アとイとウのすべて　　　　H：ア、イ、ウのいずれも誤り

96　非言語

よくわかる スピード 解法

まず、クッキーを食べた枚数の内訳は、問題文から以下の通りです。

　　・4枚を食べた日が2日
　　・2枚を食べた日が1日
　　・1枚を食べた日が1日

必ずしも誤りとはいえないものを選ぶので、推論ア〜ウについて、それぞれ正しい可能性があるか考えましょう。1つでも正しい可能性が考えられれば、その推論は、必ずしも誤りとはいえません。

× **ア**　問題文から、1日に食べた量は最大で4枚です。仮に1日目と2日目に4枚ずつ食べても、2日目に食べられるのは8枚目までです。2日目に9枚目を食べるのは不可能です。推論アは確実に誤りです。

○ **イ**　例えば1日目に4枚、2日目に1枚、3日目に2枚食べたとすると、3日目に6枚目を食べたことになります。これで1つ正しい可能性が考えられたので、推論イは必ずしも誤りとはいえません。

× **ウ**　3日目に3枚目を食べるには、1日目と2日目は1枚ずつしか食べられません。しかし、1枚を食べたのは、問題文によると1日だけなので、3日目に3枚目を食べるのは不可能です。推論ウは確実に誤りです。

以上のことから、必ずしも誤りといえないものはイだけです。

正解 B：イだけ

| 練習問題 | **推論** |

▶ 正解 101 ページ

【1】次の説明を読んで、問題に答えなさい。

4円、10円、20円、70円の4種類のシールを少なくとも、それぞれ2枚必ず買うことにする。

1 枚数が最も少なくなるようにして、<u>ちょうど300円分</u>を買ったとすると、合計で何枚のシールを買ったことになるか。

A：8枚
B：11枚
C：13枚
D：15枚
E：AからDのいずれでもない

2 枚数が最も多くなるようにして、<u>ちょうど300円分</u>を買ったとすると、合計で何枚のシールを買ったことになるか。

A：15枚
B：31枚
C：47枚
D：75枚
E：AからDのいずれでもない

【2】次の説明を読んで、問題に答えなさい。

ある県には、K、L、M、Nの4つの湖がある。これらの湖の面積に関して、次のことが分かっている。

I) MはKより面積が大きい

II) 4つの湖のうち、面積が最も小さいのはKではない

1 次の推論ア、イ、ウのうち、<u>必ずしも誤りといえないもの</u>はどれか。AからHまでの中から1つ選びなさい。

ア　Nの面積が2番目に大きい

イ　Lの面積が最も小さい

ウ　Mの面積が3番目に大きい

A：アだけ　　　　　　B：イだけ　　　　　C：ウだけ

D：アとイ　　　　　　E：アとウ　　　　　F：イとウ

G：アとイとウ　　　　H：ア、イ、ウのいずれも誤り

2 最も少ない情報で4つの湖の大きさの順番がすべて分かるためには、I)、II) の情報のほかに、次のカ、キ、クのうちどれが加わればよいか。AからHまでの中から1つ選びなさい。

カ　MはLより面積が小さい

キ　KはLより面積が小さい

ク　NはLより面積が小さい

A：カだけ　　　　　　B：キだけ　　　　　C：クだけ

D：カとキ　　　　　　E：カとク　　　　　F：キとク

G：カとキとク　　　　H：カ、キ、クのいずれも誤り

推論　99

【3】次の説明を読んで、問題に答えなさい。

箱の中にリンゴ、ミカン、カキの3種類の果物が合わせて5個入っている。果物の内訳は、リンゴが2個、ミカンが1個、カキが2個であり、PQRSTの5人が1個ずつもらった。5人がもらった果物に関して、次のことが分かっている。

I）PとTは異なる種類の果物をもらった。

II）SとTは異なる種類の果物をもらった。

1 もしも、PとSが異なる種類の果物をもらった場合、ミカンをもらった可能性があるのは、次のうち誰か。当てはまるものをすべて選びなさい。

A：P　　　　B：Q　　　　C：R
D：S　　　　E：T

2 もしも、Tがリンゴをもらい、Qはリンゴ以外をもらった場合、ミカンをもらった可能性があるのは、次のうち誰か。当てはまるものをすべて選びなさい。

A：P　　　　B：Q　　　　C：R
D：S　　　　E：T

解説 推論

【1】

1 求めるのは、最少の枚数です。問題文には、「4種類のシールを少なくとも、それぞれ2枚必ず買うこと」と書かれています。まずは、「必ず買うシールの枚数と合計額」と、「300円分まであといくらなのか」を求めましょう。

```
 4円×2枚＝　8円
10円×2枚＝ 20円      8枚           300円分まで
20円×2枚＝ 40円     208円           あと92円
70円×2枚＝140円
```

「8枚 208円」は、必ず買うものとして、残りの「92円」で、最少の枚数を買う組み合わせを考えます。

高いシールが多いほど、枚数は少なくなります。ただし、単純に高いシールから選ぶのではなく、金額をちょうど合わせる必要があります。

金額合わせのために、端数の「2円」分から考えます。候補となる1円台のシールは「4円」だけです。最少の枚数で、末尾が「2円」になるのは、3枚買ったときです。

4円×3枚＝12円

残る金額は「92円－12円＝80円」です。80円分の最少枚数は、「70円×1枚」と「10円×1枚」です。

以上の枚数と、「必ず買う」8枚を合わせた「3枚＋2枚＋8枚＝13枚」が正解です。

正解 C：13枚

2 今度は最多の枚数です。**1**で求めた「8枚 208円」は必ず買うものとして、残りの「92円」で、最多の枚数を買う組み合わせを考えます。

安いシールが多いほど、枚数は多くなります。試しに、残りすべて4円のシールで、ぴったりになるか計算してみます。

92円÷4円＝23枚

割り切れました。「必ず買う」8枚と合わせた「23枚＋8枚＝31枚」が正解です。

正解 B：31枚

【2】

1 問題文から分かることを書き出します。まず、I）、II）から分かる順番は、以下の通りです。

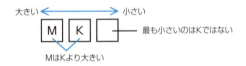

残るL、Nの正確な順番は不明ですが、以下のように限定できます。

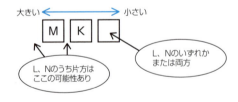

つまり、考えられる並び順は、以下のいずれかです。

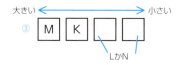

推論のうち、必ずしも誤りといえない(正しい可能性がある)ものは、アとイです。

○ ア　Nの面積が2番目に大きい　→　必ずしも誤りといえない(②のときは2番目の可能性あり)

○ イ　Lの面積が最も小さい　→　必ずしも誤りといえない(①②③いずれも、Lが最も小さい可能性あり)

× ウ　Mの面積が3番目に大きい　→　確実に誤り(①②③いずれもMは1番目か2番目)

正解 D：アとイ

2　**1**で、並び順は以下のいずれかだと分かっています。

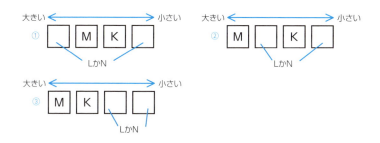

これにカ、キ、クを当てはめて、並び順が決まるかどうかを考えます。並び順が決まるのは、カだけです。

○ カ　MはLより面積が小さい　→　MがLより小さくなる可能性があるのは①だけ。以下の並び順に決まる

× キ　KはLより面積が小さい　→　KがLより小さくなる可能性があるのは①と②であり、1つに決まらない

× ク　NはLより面積が小さい　→　①〜③のいずれもNがLより小さくなる可能性があり、1つに決まらない

正解　A：カだけ

【3】

① まず、Ｉ）、Ⅱ）から分かることは、右の通りです。

これに、問題文の「PとSが異なる果物」を加えます。

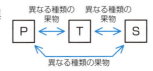

PとSとTの3人は異なる果物（リンゴ、ミカン、カキ）をもらったことが分かります。ミカンは1個しかないので、もらった可能性があるのは、PとSとTの3人だけです。

正解　A：Pと、D：Sと、E：T

② Ｉ）、Ⅱ）から分かることは、右の通りです。

これに、問題文の「Tがリンゴをもらい、Qはリンゴ以外をもらった」を加えます。

果物の種類が決まったのは、Tのリンゴだけです。リンゴは2個なので、もう1人リンゴをもらった人がいます。PとSとQはリンゴ以外と分かっているので、リンゴはRに決まります。

残るPとSとQは、ミカンかカキをもらっていますが、どちらをもらったのかは不明です。よって、ミカンをもらった可能性があるのは、PとSとQです。

正解 A：Pと、B：Qと、D：S

18 モノの流れと比率

正解へのカギ

- アルファベットに「業者（または店）」、「比率（または％、割）」をそれぞれ書く

例題 X店が扱う商品のうち、比率にしてmがY店に納品されるとき、その流れを次の図①で表す。

図① X ——m—→ Y

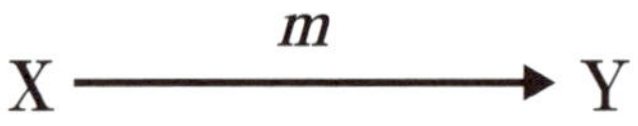

このとき、X店とY店が扱う商品の量をX、Yとすると以下の式が成り立つ。
$Y = mX$

X店が比率m、Y店が比率nをZ店に納品する際の商品の流れを次の図②で表す。

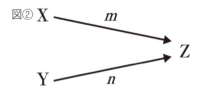

このとき、Z店が扱う商品の量（Z）は以下の式で表す。
$Z = mX + nY$

X店の扱う商品のうち比率mがY店に納品され、さらにそのうちの比率nがZ店に納品される際の商品の流れを次の図③で表す。

図③ X ——m—→ Y ——n—→ Z

このとき、扱う商品の量は以下の式で表す。
　　$Z = nY = n(mX) = mnX$
なお、以下のような数学上の一般の演算が成立する。
　　$(m+n)X = mX + nX$
　　$k(m+n)X = kmX + knX$

問 図③でX店の商品、ビール100本がある。mの比率が50%、nの比率が10%とするとき、Z店には何本のビールが納品されるか。

A：1本　　　B：5本　　　C：10本
D：50本　　E：60本

よくわかる スピード 解法

アルファベットに「業者（または店）の扱う量」、「比率（または％、割）」をそれぞれ書き入れると分かりやすくなります。

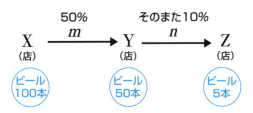

この設問では比率が具体的な数字で入っています。

X店にある100本のビールの50％、つまり、50本のビールがY店に届きます。さらに、Y店の50本のビールのそのまた10％、つまり5本がZ店に届くわけです。

100×0.5＝50
50×0.1＝5

正解 B：5本

練習問題　モノの流れと比率

1 W店が扱う商品の量Wのうち比率にしてmと、X店の商品の量Xのうち比率nが、Y店へ納品される（その量の合計はY）。さらに、そのうち比率kに当たるZがZ店に納品されるとして、下記のような流れ図を作った。Zを表すのは選択肢のどれか。

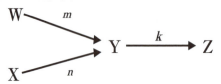

ア　$Z=mW+nX+kY$　　イ　$Z=kmW+knX$　　ウ　$Z=mnY+kY$

A：アだけ　　　　　　B：イだけ　　　　　　C：ウだけ
D：アとイ　　　　　　E：イとウ　　　　　　F：アとウ
G：アとイとウ　　　　H：アとイとウのいずれも該当しない

2 S店の扱う商品の量Sの比率mに当たるTがT店へ、U店の商品Uの比率pと商品Tの比率k（合わせてV）がV店へ納品され、さらにTの比率nとVの比率qがZ店へ納品される。その合計をZとして、以下のような流れ図を作った。Zを表すのは選択肢のどれか。

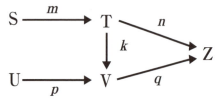

ア　$Z=nT+qV$　　　　イ　$Z=mnS+pqU$
ウ　$Z=(mn+kmq)S+pqU$

A：アだけ　　　　　　B：イだけ　　　　　　C：ウだけ
D：アとイ　　　　　　E：イとウ　　　　　　F：アとウ
G：アとイとウ　　　　H：アとイとウのいずれも該当しない

解説 モノの流れと比率

1 図を2つに分けて、別々に数式にした後で、代入でまとめます。

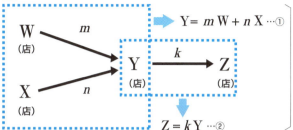

②のYに、①を代入すると
$Z = kY$
$Z = k(mW + nX)$
$Z = kmW + knX$
イの式と同じ

正解 B：イだけ

2 図を3つに分けて、別々に数式にした後で、代入でまとめます。

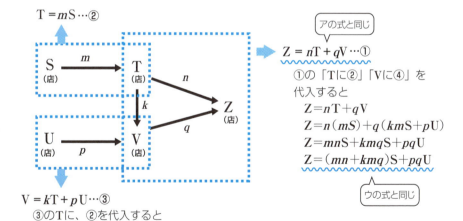

アの式と同じ

$Z = nT + qV \cdots ①$

①の「Tに②」「Vに④」を代入すると
$Z = nT + qV$
$Z = n(mS) + q(kmS + pU)$
$Z = mnS + kmqS + pqU$
$Z = (mn + kmq)S + pqU$
ウの式と同じ

正解 F：アとウ

モノの流れと比率 109

19 グラフの領域

正解へのカギ

- どの数式がどの線を表すかをまず確認する
- 数式がない場合は、等号や不等号の数式を作る
- 設問が示す領域は、線のどちら側なのかを確認する

例題

以下はあるスポーツ選手のためのトレーニングメニューの条件である。水泳、筋力トレーニング、ランニングの3種目を、以下に示す条件を満たすように選択しなければならない。なお、選択は1時間を単位として行う。

条件a　全部で24時間選択すること
条件b　水泳は5時間以上選択すること
条件c　筋力トレーニングは3時間以上選択すること
条件d　ランニングは4時間以上選択すること
条件e　水泳は10時間以下で選択すること

水泳の選択時間を横軸にとり、筋力トレーニングの選択時間を縦軸にとって図示すると、上の5つの条件を満たす組み合わせは図の黒点で示される。

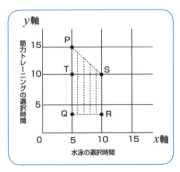

問 点Sと点Rを通る直線で表される境界は、前述のどの条件によるものか。

A：条件a　　B：条件b　　C：条件c
D：条件d　　E：条件e

よくわかる スピード 解法

水泳の選択時間10時間の目盛りを2点は共通して通っています。水泳の時間はこの10時間の目盛りよりも左側であれば、条件eを満たすわけです。

x軸を水泳の選択時間とし、y軸を筋力トレーニングの選択時間として、水泳の選択時間の変数をx、筋力トレーニングの選択時間の変数をyとすると、条件a〜eは以下のように表せます。

条件a、d　　　より　$4 \leq 24-(x+y)$　→　$x+y \leq 20$
条件b　　　　より　$5 \leq x$
条件c　　　　より　$3 \leq y$
条件e　　　　より　$x \leq 10$

図の領域は、これらの条件を満たしたものです。
図より、以下のことが分かります。

　　線分PQは条件bのグラフ
　　線分QRは条件cのグラフ
　　線分SRは条件eのグラフ
　　線分PSは条件a、dのグラフ

よって、点Sと点Rを通る直線（線分SR）で表される境界は、条件eによるものです。

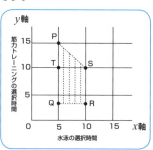

正解 E：条件e

練習問題 グラフの領域

▶正解 114 ページ

【1】 110ページの例題と同じスポーツ選手のためのトレーニングメニューの
条件を用いて、以下の設問に答えなさい。

1 点P、点Q、点R、点Sのうち、点Tと比べてランニングの選択時間が多く
なる点はどれか。

A：点Pだけ　　　　　B：点Qだけ　　　　　C：点Rだけ
D：点Sだけ　　　　　E：点Pと点Q　　　　F：点Pと点S
G：点Qと点R　　　　H：点Rと点S　　　　I：点Pと点Qと点R
J：点Pと点Rと点S

2 点P、点Q、点R、点Sのうち、「筋力トレーニングの選択時間が水泳の選
択時間よりも多くなる」という条件を満たす点はどれか。

A：点Pと点Q　　　　B：点P　　　　　　C：点Qと点R
D：点Q　　　　　　　E：点R

112　非言語

【2】 以下の3つの式によって示される直線と放物線は、図のように平面を8つの領域に分ける。

ア　$x=y^2$
イ　$x=y+4$
ウ　$x=0$

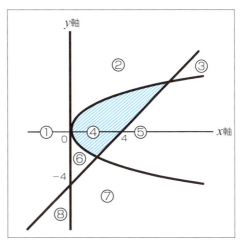

これらの領域は、上のア、イ、ウの各式の等号を適宜不等号に置き換えて得られる1組の連立不等式によって示される。ただし、領域に図中の太い境界線は含まれないものとする。

1 ア、イ、ウの式の等号をすべて不等号に置き換えて、④の領域（図の斜線部分）を表したとすると、右開きの不等号（＜）がつくのは、ア、イ、ウのうちどれか。

A：アだけ　　　　　　B：イだけ　　　　　　C：ウだけ
D：アとイ　　　　　　E：アとウ　　　　　　F：イとウ
G：アとイとウ　　　　H：アとイとウのいずれもつかない

2 以下の3式からなる連立不等式によって表される領域は、①から⑧のうちどれか。

$$\begin{cases} x<y^2 \\ x>y+4 \\ x>0 \end{cases}$$

A：①と⑧の領域　　　　B：②と③の領域　　　　C：②と⑥の領域
D：②と⑦の領域　　　　E：③と⑥の領域　　　　F：③と⑦の領域
G：④と⑥の領域　　　　H：⑥と⑦の領域
I：3つ以上の領域にまたがる　　　J：該当する領域はない

解説　グラフの領域

【1】

1　水泳の選択時間を x、筋力トレーニングの選択時間を y とすると、ランニングの選択時間は $24-(x+y)$ となります。よって、点Tと比べてランニングの選択時間を多くするためには、$(x+y)$ の値が点Tよりも小さくなればよいのです。

点T（ 5 ,10）とすると　　$x+y=15$ ‥‥①
点P（ 5 ,15）では　　　　$x+y=20$ ‥‥①より大きい
点Q（ 5 , 3 ）では　　　　$x+y=8$‥‥‥①より小さい
点R（10, 3 ）では　　　　$x+y=13$ ‥‥①より小さい
点S（10,10）では　　　　$x+y=20$ ‥‥①より大きい

　あてはまるのは、点Qと点Rです。

正解　G：点Qと点R

2　水泳の選択時間を x、筋力トレーニングの選択時間を y とすると、$x<y$ となる点を探せばよいでしょう。

点P（ 5 ,15）では　　　　$x<y$ ‥‥‥‥ あてはまる
点Q（ 5 , 3 ）では　　　　$x>y$
点R（10, 3 ）では　　　　$x>y$
点S（10,10）では　　　　$x=y$

　あてはまるのは、点Pです。

正解　B：点P

114　非言語

【2】

1 まず、ア、イ、ウの式が、グラフ上のどの線を表すかを判断します。式に数値を代入して、どの線かを判断してもよいのですが、手早いのは以下のルールを覚えてしまうことです。

> ● 2乗を含む式（「$x = ay^2 + b$」または「$y = ax^2 + b$」）→「放物線」
> ● xとyの式（「$x = ay + b$」または「$y = ax + b$」）→「斜めの直線」
> ● xだけの式（「$x = a$」）→「縦の直線」
> ● yだけの式（「$y = a$」）→「横の直線」　※aとbは任意の数値（0や1も可）

上記のルールにより、アは放物線、イは斜めの直線、ウは縦の直線だと分かります。

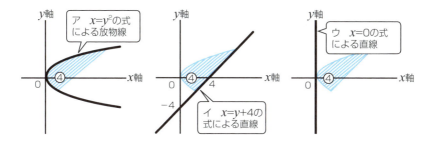

次に、各線と④の領域を比較します。xの値を比べて、④の領域のほうが大きければ「＞」、④の領域のほうが小さければ「＜」です。

すると、以下のように、ア「$x>y^2$」（左開きの不等号）、イ「$x<y+4$」（右開きの不等号）、ウ「$x>0$」（左開きの不等号）だと分かります。

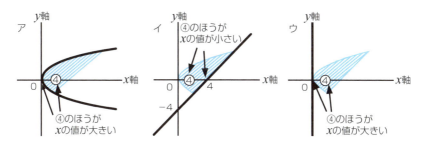

以上のことから、右開きの不等号はイだけです。

正解 B：イだけ

2　設問の3つの式は、ア、イ、ウの式の「＝」を不等号に変えたものです。この設問も、x の値からグラフの領域を判断します。

不等式が「＜」の領域は、グラフの線よりも x が小さく、「＞」の領域はグラフの線よりも x が大きくなります。

「$x<y^2$」は「＜」なので、
右の斜線の領域です。

> xの値が、線より小さいのだから、こちらの領域

斜線に該当する領域は、
①、②、③、⑥、⑦、⑧です。

「$x>y+4$」は「＞」なので、
右の斜線の領域です。

> xの値が、線より大きいのだから、こちらの領域

斜線に該当する領域は、
③、⑤、⑦、⑧です。

「$x>0$」は「＞」なので、
右の斜線の領域です。

> xの値が、線より大きいのだから、こちらの領域

斜線に該当する領域は、②、③、④、⑤、⑥、⑦です。

3つの式すべてに該当する領域は③と⑦です。

正解 　**F：③と⑦の領域**

SPI3
テストセンター・ペーパーテスト【英語(ENG)】

英語は、SPIのオプション検査です。テストセンターとペーパーテストで実施されます。実施の有無は、企業によって異なります。

ペーパーテストでは、計40問が制限時間30分で出題されます。テストセンターは、その仕組み上、出題される問題の数は決まっていません。

●英語の出題範囲

問題の種類	テストセンター	ペーパーテスト	問題の内容
単語	○	○	同意語・反意語の問題が出題される。
英熟語・文法	○	○	空欄補充の問題が出題される。
長文読解	○	○	英語の設問を読み、英語の問題に答える。

独立した英語テストとして実施されることもある

SPIの英語は、もともと「ENG」というペーパーテストです。このため、ペーパーテストに限っては、SPIの能力適性検査や性格適性検査とは関係なく、英語のみが実施されることがあります。

英語の能力が必要とされる業界や職種の志望者は対策をしておこう

英語はオプション検査で、どの企業でも必ず実施されるわけではありません。しかし、英語の能力が必要とされる業界や職種の採用では実施される可能性が高いといえます。志望者は対策をしておいた方がよいでしょう。

20 単語

正解へのカギ

- 同意語と反意語の両方で質問してくることに注意
- 反意語は予測される反意語を日本語でメモしておく

例題

1 太文字の単語とほぼ同じ意味の単語を選択肢から1つ選びなさい。
  [form]
  　A : portion　　B : size　　C : shape　　D : height　　E : pitch

2 太文字の単語と反対の意味の単語を選択肢から1つ選びなさい。
  [employ]
  　A : hire　　B : charter　　C : serve　　D : neglect　　E : dismiss

よくわかる スピード 解法

1 　難しい英単語は出ないので、同意語・反意語の基本を覚えておきましょう。似たような言葉が出てくるので、注意が必要です。
「 form 」の意味は「形」です。

A：portion　量　　　B：size　大きさ　　　C：shape　形
D：height　高さ　　　E：pitch　音の高低

正解 C：shape

2 　反意語を尋ねる問題には同意語が入っていることが多いので、引っかからないように注意しましょう。この引っかけを予防するには、予測される反意語を日本語でメモしておくことです。
「employ 雇う」の反意語は「辞めさせる、解雇する」と予測できます。

A：hire　雇う　　　　　　　　B：charter　貸し切って雇う
C：serve　（人に）仕える　　　D：neglect　無視する
E：dismiss　解雇する

正解 E：dismiss

単語　119

練習問題 単語

太文字の単語とほぼ同じ意味の単語を選択肢から1つ選びなさい。

1 [difficulty]

A : hardship　　　B : pleasant　　　C : joy

D : confusion　　E : crowdedness

2 [painful]

A : healthy　　　B : sore　　　C : weak

D : complicated　E : delicate

3 [gather]

A : separate　　　B : isolate　　　C : participate

D : assemble　　E : join

太文字の単語と反対の意味の単語を選択肢から1つ選びなさい。

4 [praise]

A : speak well of　B : respect　　　C : complain

D : revere　　　E : cheat

5 [civilized]

A : urban　　　　B : polished　　　C : scientific

D : refined　　　E : savage

6 [construct]

A : put together　B : destroy　　　C : build

D : classify　　　E : mend

120　英語（ENG）

解説 単語

1〜**3**は同意語を選択する問題です。

1 「 difficulty 」の意味は「困難」です。
- A：hardship　困難
- B：pleasant　楽しい
- C：joy　喜び
- D：confusion　混乱
- E：crowdedness　混雑

正解 A

2 「 painful 」の意味は「痛い」です。
- A：healthy　健康な
- B：sore　痛い
- C：weak　弱い
- D：complicated　複雑な
- E：delicate　繊細な

正解 B

3 「 gather 」の意味は「集める」です。
- A：separate　離れる
- B：isolate　隔離する
- C：participate　参加する
- D：assemble　集める
- E：join　参加する

正解 D

4〜**6**は反意語を選択する問題です。

4 「 praise（ほめる）」の反意語は「けなす・不満を言う」です。
- A：speak well of　ほめる
- B：respect　尊敬する
- C：complain　不満を言う
- D：revere　尊敬する
- E：cheat　ごまかす

正解 C

5 「 civilized（文明化した、教養の高い）」の反意語は「野蛮な、教養の低い」です。
- A：urban　都会の
- B：polished　洗練された
- C：scientific　科学的な
- D：refined　洗練された
- E：savage　野蛮な

正解 E

6 「 construct（組み立てる）」の反意語は「分解する・壊す」です。
- A：put together　組み立てる
- B：destroy　壊す
- C：build　建てる
- D：classify　分類する
- E：mend　直す

正解 B

単語　121

○テスセン　○ペーパー

21 英熟語・文法

正解へのカギ

● 主語と動詞・目的語の関係を確認する

● 自動詞・他動詞を確認する

例題 次の和文と英文が同じ意味になるように、適切な言葉を選択肢の中から1つ選び空欄を埋めなさい。

彼女は約束を破るような人ではないと思う。

I think that she is the (　　　) person to break a promise.

A：first 　　**B**：no 　　**C**：ever

D：second 　　**E**：last

よくわかる スピード 解法

A：first 　最初の 　　**B**：no 　全く～ない 　　**C**：ever 　かつて

D：second 　2番目の 　　**E**：last 　最後の

英熟語の問題です。

「the last 人 to do」で、「最も～しそうにない人」という意味になります。

正解 **E**：last

---

122 英語（ENG）

練習問題 英熟語・文法

次の和文と英文が同じ意味になるように、適切な言葉を選択肢の中から1つ選び、空欄を埋めなさい。

1 このクラスで学んだことは役に立つでしょう。

（　　　）you've learned in this class will help you.

A：As 　　　　　　　B：Now 　　　　　　　C：Once

D：What 　　　　　　E：Which

2 昨日の雷雨で麦に大きな被害が出た。

The thunderstorm （　　　）severe damage to the wheat yesterday.

A：spoiled 　　　　　B：broke 　　　　　　C：hurt

D：caused 　　　　　E：changed

3 誰のせいでもない。

Nobody is （　　　）.

A：responsibility 　　B：conviction 　　　C：to blame

D：accusing 　　　　E：legal

4 わが社の社長、ヤマダユウスケを紹介させていただきたいと思います。

I would like to take this （　　　）to introduce Yusuke Yamada, our president.

A：opportunity 　　　B：place 　　　　　C：position

D：advantage 　　　　E：chance

解説 英熟語・文法

1 関係代名詞「〜すること」になる「What」が正解です。Whatは先行詞をとらない関係代名詞です。その他の選択肢の意味は以下の通りです。

A：As　〜するときに

B：Now　文頭で使用した場合は、「さて、ところで」

C：Once　かつて

E：Which　先行詞の必要な関係代名詞

正解 D：What

2 「（損害など）をもたらす、（損害などの）原因となる」という意味の「caused」が正解です。

A：spoiled　あまやかして駄目にする

B：broke　壊す　　　　　　　C：hurt　傷つける

E：changed　変化する

空欄の直後に「severe damage」が来ているので、BやCは該当しません。

正解 D：caused

3 「（人が〜のことで）悪い、（人が〜のことで）責任がある」という意味の「to blame」が正解です。

A：responsibility　責任　　　　B：conviction　有罪の判決

D：accusing　非難するような〜　E：legal　合法的な〜

正解 C：to blame

4 「機会」という意味の「opportunity」が正解です。

B：place　（take place　〜が起こる）

C：position　（take position　立場をとった）

D：advantage　（take advantage of　〜を利用する、〜をだます）

E：chance　（take a chance＝あてずっぽうにやる）

「take this opportunity to do」で、「〜する機会をもらう、〜させてもらう」という意味になります。よく次のように使います。

（例）May I take this opportunity to express my thanks？

　　　（この機会に謝意を述べさせてください）

正解 A：opportunity

124　英語（ENG）

○テスセン ○ペーパー

22 長文読解

正解へのカギ

- 解くうえで専門知識が必要な問題は出ない
- 本文を大まかに把握してから解こう

▶ 英語の長文を読み、英語の設問に答える

英語（ENG）の長文読解は、英語の長文を読み、英語の設問に答えるテストです。長文に書かれている内容を問う問題や、空欄補充などの問題が出題されます。

▶ 解くうえで専門知識が必要な問題は出ない

英語（ENG）の長文読解では、さまざまなテーマの長文が使われます。中には、経済や科学などを扱った長文もありますが、専門知識がないと答えが出せないような問題は出題されません。

▶ 本文を大まかに把握してから解こう

英語（ENG）の長文読解は、内容がきちんと理解できているかを見る、一般的な長文読解と考えてよいでしょう。問題を解く前に、本文の構成と、書かれている内容を大まかに把握するようにしましょう。

例題　次の英文を読んで問題に答えなさい。

Toda Corp., the electronics giant, was one of the first companies to initiate a career development program for a limited number of staff in the late 1990s. Passing the program is now one of the prerequisites for heading _____ of the company's various business divisions, sections within those divisions or factories.

長文読解　125

Twice a year, a group of 30 senior managers in their late 40s selected from each business division takes an intensive, two-week course held at Toda's education facility in Shin-Yokohama, Kanagawa Prefecture. Classes cover 25 topics including finance, personnel issues and marketing.

The company employs professors from Otemachi University's Graduate School of Business Administration to teach the courses. The professors also evaluate essays written by the participants about lessons they have learned from failed projects.

"Until 1998, we had an in-house training program. But that was introduced at a time when the economy was strongly expanding. We needed a new program which would help future managers develop the ability to steer the company in the right direction through uncharted waters," said Fumiaki Ueno, manager of the executive compensation and planning group of Toda's human resources division.

　※prerequisite＝Required or necessary as a prior condition

1 What did Toda Corp. start in the late 1990s?

　A : a career development program for all staff
　B : a career search program for people in their mid 30s to late 40s
　C : a skill assessment program for senior executives
　D : a career assessment program for all senior managers in their late 40s
　E : a career development program for selected employees

2 Fill in the blank.

　A : none　　B : other　　C : any　　D : another　　E : tons

126　英語（ENG）

よくわかる スピード 解法

本文和訳

　株式会社トダ（エレクトロニクスの巨人）は1990年代後半に特定の社員のためにキャリア・デベロップメント・プログラムを始めた最初の会社の1つでした。そのプログラムにパスすることは現在では、社内のさまざまな事業部門、それらの部門内のセクションあるいは工場のうちのどれかを率いるための必要条件の1つとなっています。

　年に2回、各ビジネス部門から選ばれた40代後半の上級マネージャー30人ほどが、神奈川県新横浜にあるトダの教育施設で催される2週間の集中コースを受講します。授業は、金融、人事問題およびマーケティングを含む25の科目をカバーします。

　トダは、コースを教えるために大手町大学の大学院経営管理研究科（MBA）の教授を雇っています。教授は、さらに、参加者が書く彼らが参画し失敗したプロジェクトから学んだことについてのエッセイを評価します。

　「1998年まで、我々は社内のトレーニング・プログラムを持っていました。しかし、それは、経済が力強く拡大していたときに導入されたものでした。私たちは、将来のマネージャーが未知の領域の中で正しい方向に会社を操縦するための能力を開発するのを支援する新しいプログラムを必要としているのです」とウエノフミアキ（トダの人事部門の役員報酬および企画グループマネージャー）は言います。

　※prerequisite＝前提条件として求められる、または必要な

---

1 What did <u>Toda Corp. start in the late 1990s</u>？
（株式会社トダが1990年代後半に始めたものは何ですか？）

　<u>Toda Corp.</u>, the electronics giant, was one of the first companies to initiate a <u>career development program for</u> a limited number of staff <u>in the late 1990s.</u>

　株式会社トダ（エレクトロニクスの巨人）は1990年代後半に特定の社員のためにキャリア・デベロップメント・プログラムを始めた最初の会社の1つでした。

長文読解　127

まず、**1**の問題文と同じ単語、語句が入っている本文の一文を探しましょう。1段落目のはじめの文に、「Toda Corp.」と「in the late 1990s」という言葉が入っているので、この共通の部分が入っている一文に注目します。

　次は、この一文と選択肢に共通の単語がないかを検索します。すると、AとEには「career development program for」という共通部分があります。

　これでAとEに絞られました。

　本文中では「career development program for」のあとに「a limited number of staff」と続いています。選択肢Eの「selected employees」は「a limited number of staff」を言い換えたものです。

> **正解** E：a career development program for selected employees

2　Fill in the blank.
（空欄を埋めなさい。）

> 　　　　　　　　　　　　　Passing the program is now one of the prerequisites for heading ［　　　　　］ of the company's various business divisions, sections within those divisions or factories.
>
> 　そのプログラムにパスすることは現在では、社内のさまざまな事業部門、それらの部門内のセクションあるいは工場のうちのどれかを率いるための必要条件の1つとなっています。

　この文の趣旨は、「そのプログラムにパスすることが社内のどんな部門や工場のどれかを率いるためにも必須である」ということです。「どれかを率いるためにも」という意味にするには「any」が適当です。

> **正解** C：any

練習問題 長文読解

次の英文を読んで問題に答えなさい。

Hiroshi Matsuda, professor of business administration at Otemachi University, gives credit to foreign professionals for their drive to improve Japanese management.

He believes that by and large, Japanese corporate culture is based on "emotional" factors such as family ties and academic affiliations. Because they place such importance on these relationships, many Japanese executives cannot take an objective view of business, he said.

Many Japanese companies have scores of existing employees with the potential to introduce change. Thousands of Japanese are stationed at overseas branches of their companies, and when they come home, they bring new ideas with them.

But for the majority, implementing change once in Japan is an insurmountable challenge. As Japanese, they have less leeway than foreigners to break through barriers such as traditional corporate hierarchies to make their ideas heard.

Breaking down these barriers is the key, said Jonathan Smith, president and chief executive officer of the Internet advertising agency Ad Bird Japan Inc.

Smith, who worked ⬚ CAA Inc. after graduating from Otemachi University in 1995, has made a point of doing away with the bureaucratic practices he sees in many Japanese companies. At Ad Bird, employees are not judged by gender, age or nationality; the important thing is performance.

The New Zealand native also objects to the traditional idea that workers should go to the office on the weekend or stay at their desks until late at night to show their loyalty to the company. "It's a whole lot better if you come here in the morning and leave early to meet a date for a sip of wine," Smith said. "Output is what we evaluate the most for promotion."

※by and large=for the most part; generally

※affiliation=to become closely connected or associated

※implement=to put into practical effect ; carry out

※insurmountable= not capable of being surmounted or overcome

※leeway=a margin of freedom or variation, as of activity, time, or expenditure; latitude

※hierarchy=categorization of a group of people according to ability or status

※bureaucratic=rigidly devoted to the details of administrative procedure

1 Based on Mr. Matsuda's view, why is it many Japanese executives cannot take an objective view of business?

A : Because Japanese executives do not have to take an objective view
B : Because Japanese executives are too old
C : Because Japanese executives have long term perspectives
D : Because Japanese executives put no importance on emotional relationship
E : Because Japanese executives place importance on emotional relationships

2 Why is implementing change in Japanese companies difficult for most of the Japanese managers with new ideas from abroad?

A : because their ideas are not realistic
B : because of the barriers such as traditional corporate hierarchies
C : because the manager is not experienced enough
D : because of the barriers such as heavy R&D cost
E : because they are foreigners

3 How are employees evaluated at Ad Bird?

A : by age   B : by gender   C : by nationality
D : by how long a person works   E : by performance

4 Fill in the blank.

A : for   B : in   C : by   D : of   E : on

5 In this article, what are traditional values for Japanese management?

1) emotional factors such as family ties and academic affiliations
2) workers should go to the office on the weekend or stay at their desks until late at night to show their loyalty to the company
3) workers are judged by their performance

A : 1 only   B : 2 only   C : 3 only   D : none of them
E : 1 and 2   F : 1 and 3   G : 2 and 3

130　英語（ENG）

解説 長文読解

1章 SPI-3 テストセンター・ペーパーテスト

本文和訳

松田宏氏（大手町大学の経営管理学部の教授）は、外国人専門家が日本的経営を改善する動きに対してお墨付きを与えています。

彼は一般に、日本の企業文化は、家族のつながりおよび学閥のような「情緒的な」要因に立脚していると信じています。日本企業の経営幹部層はあまりにこれらの（情緒的）関係に重きを置くので、客観的にビジネスを見ることができない、と彼は言います。

多くの日本の会社は、変革の種をまく可能性を持った社員を抱えています。何千人もの日本人社員が、海外の支店に配置されており、帰国するときには、彼らは新しい考えを持って帰ってきます。

しかし大多数の人にとって、一度日本に戻ったならば、変革を実施するのは途方もない挑戦です。日本人として、彼らのアイデアを実現するために伝統的企業の階層構造のような障壁を打ち壊す余地は外国人よりも少ないでしょう。

これらの障壁の克服が鍵である、とジョナサン・スミス（インターネット広告代理店アドバード社の日本法人社長および最高経営責任者）は言いました。

スミス（1995年に大手町大学を卒業した後にCAA社で働いた経験を持つ）は、彼が多くの日本企業で見受けられる、官僚的な慣習を廃止することが重要であると指摘します。アドバード社では、従業員が性別、年齢あるいは国籍によって判断されません。重要なのは成果です。

そのニュージーランド出身者は、会社への忠誠心を見せるために、社員が週末にオフィスへ出社したり、夜遅くまで机に座っているべきであるという伝統的な考え方にも反対します。「社員が朝早く出社して、デートでワインを楽しむために早く帰社できれば、そのほうがはるかにマシです」とスミスは言います。「どれだけ成果を出すかが、我々が昇進のために評価する大部分です」

1

He believes that by and large, Japanese corporate culture is based on **"emotional" factors such as family ties and academic affiliations.**

彼は一般に、日本の企業文化は、家族のつながりおよび学閥のような「情緒的な」要因に立脚していると信じています。

Because they place such importance on these relationships, many Japanese executives cannot take an objective view of business, he said.

日本企業の経営幹部層はあまりにこれらの（情緒的）関係に重きを置くので、客観的にビジネスを見ることができない、と彼は言います。

まず、**1**の問題文と同じ単語が入っている箇所を本文中から探しましょう。6～7行目に「many Japanese executives cannot take an objective view of business」という共通の単語が入っている一文があります。

次は、この一文と選択肢に共通の単語がないかを検索します。すると、その一文とEは「place」、「importance」、「relationships」という共通部分があります。

長文読解 **131**

「these relationships＝これらの（情緒的）関係」は、前の行の「"emotional" factors such as family ties and academic affiliations＝家族のつながりおよび学閥のような『情緒的な』要因」を言い換えたものです。

正解 E：Because Japanese executives place importance on emotional relationships

2

Thousands of Japanese are stationed at overseas branches of their companies, and when they come home, they bring new ideas with them.

何千人もの日本人社員が、海外の支店に配置されており、帰国するときには、彼らは新しい考えを持って帰ってきます。

But for the majority, implementing change once in Japan is an insurmountable challenge.

しかし大多数の人にとって、一度日本に戻ったならば、変革を実施するのは途方もない挑戦です。

As Japanese, they have less leeway than foreigners to break through barriers such as traditional corporate hierarchies to make their ideas heard.

日本人として、彼らのアイデアを実現するために伝統的企業の階層構造のような障壁を打ち壊す余地は外国人よりも少ないでしょう。

まず、**2** の問題文と同じ単語が入っている本文の箇所を探すと、11行目に「new ideas」という共通の単語が入っている一文があります。

その次の文には「implementing change」という共通の単語が入っています。

しかし、この2つの文には正解に直接結び付く内容はありません。このような場合は、その後の行に正解に直接結び付く内容があるものです。その後の文には「barriers such as traditional corporate hierarchies」という記述があり、**B**と合致します。

この3つの文の構成は以下のようになっています。
文①「新しい考えを持っている」
文②「But……しかし、変革できない」
文③「（なぜなら、）階層構造があるから……変革できない理由を説明している」

132　英語（ENG）

逆接の接続詞「But」によって、話の流れが逆転していることに注目しましょう。大体において、話が逆転するときは、その後に理由が来るものです。接続詞に注目すれば、長文の構成全体を把握することができます。これは、日本語でも英語でも同じことです。

正解 B：because of the barriers such as traditional corporate hierarchies

3

At Ad Bird, employees are not judged by gender, age or nationality ; the important thing is performance.

アドバード社では、従業員が性別、年齢あるいは国籍によって判断されません。重要なのは成果です。

本文の19〜20行目に「At Ad Bird, employees are not judged by gender, age or nationality」と書かれています。その後に「the important thing is performance.」と続きます。つまり、アドバード社では従業員は成果によって評価されるのです。

正解 E：by performance

4

Smith, who worked _____ CAA Inc. after graduating from Otemachi University in 1995,

スミス（1995年に大手町大学を卒業した後にCAA社で働いた経験を持つ）は、

空欄の前が「worked」で、空欄の後が「CAA Inc.」と企業名が来ますから、「work for＝〜（の会社）で働く」が合致します。

正解 A：for

5

3）は、「performance」（成果）で評価されていると書かれている点が、日本の伝統的な価値とは異なります。

正解 E：1 and 2

長文読解　133

その他の採用テスト
❶SCOA

　SCOAには、対象や目的に応じて複数の種類のテストが存在します。一般に大学生に実施されるテストは「SCOA-A」の「大卒レベル版」といい、言語、計数、常識など数科目で構成される能力検査です。実施時間は一括60分です。これに共通の性格検査（SCOA-B）が組み合わされます。実施時間は約35分です。

　SCOAは、テストセンターで実施されることもあります。

●さまざまな分野から出題される

　「SCOA-A」の出題傾向は「広く、浅く」です。計数では二次方程式や因数分解の計算式、推論などが出題されます。言語では熟語やことわざの意味、長文読解などが出題されます。特徴は常識問題で、ここに理科（地学、化学、生物、物理など）、社会（歴史、政治経済、地理など）など幅広い分野が含まれます。いずれの分野も、中学で習うレベルの問題が中心で、一部に高校で習うレベルの問題が交じっています。

●SCOAの例題（常識問題）

問題 暖かい空気と冷たい空気が接するところで雲が発生しやすい理由はどれか。

1 ：暖かい空気と冷たい空気が接すると、暖かい空気が上昇する。空気は上昇につれ収縮して温度が上がり、露点に達すると水滴になる

2 ：暖かい空気と冷たい空気が接すると、暖かい空気が上昇する。空気は上昇につれ収縮して温度が下がり、露点に達すると水滴になる

3 ：暖かい空気と冷たい空気が接すると、冷たい空気が上昇する。空気は上昇につれ膨張して温度が下がり、露点に達すると水滴になる

4 ：暖かい空気と冷たい空気が接すると、暖かい空気が上昇する。空気は上昇につれ膨張して温度が下がり、露点に達すると水滴になる

5 ：暖かい空気と冷たい空気が接すると、冷たい空気が上昇する。空気は上昇につれ収縮して温度が下がり、露点に達すると水滴になる

- -

正解　4

解説　暖かい空気のほうが、冷たい空気よりも軽いため、2つが接すると暖かい空気が上昇する。空気は上昇につれて、気圧が低くなるため膨張して温度が下がる。やがて、空気中の水蒸気が飽和（露点）に達して水滴へとかわり、雲になる。

2章

SPI3
WEBテスティング サービス

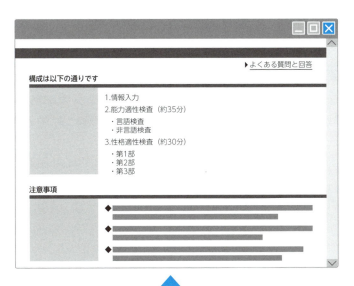

▲
この画面が出たら WEBテスティングサービス

SPI3
WEBテスティングサービス【概要】

　WEBテスティングサービスは、SPIを販売しているリクルートマネジメントソリューションズのWebテストです。言語・非言語の能力適性検査と、3種類の性格適性検査で構成されています。

　言語・非言語ともにSPIのテストセンターやペーパーテストと似た問題もありますが、独自の問題も出題されます。

●WEBテスティングサービスの構成

	制限時間
能力適性検査(言語・非言語)	約35分
性格適性検査(3部構成)	約30分

回答方法は選択式と入力式の2つ

　WEBテスティングサービスには、「選択式の回答方法」以外に「入力式の回答方法」があります。これは、数字や文字を入力させる回答方法です。

WEBテスティングサービスでは誤謬率は測定していない!

　WEBテスティングサービスでは誤謬率（誤答率のこと）は測定していません。ですから、分からない問題もなるべく推測して、正解と思われる答えを回答しておくと、得点が高くなる可能性があります。

　選択式の問題だけでなく、入力式の問題も正解だと思われる回答をしておきましょう。

WEBテスティングサービスの受検画面

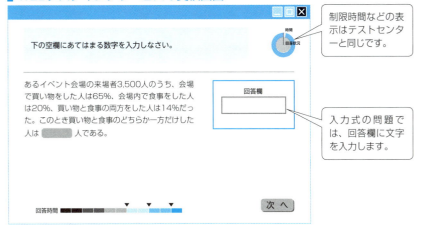

概要 137

1 言語

正解へのカギ

● **WEB テスティングサービス独特の問題に慣れておく**

● **「熟語の成り立ち」問題は事前に選択肢の全種類を マスターする**

WEBテスティングサービスの言語の出題範囲は、以下の通りです。

●WEBテスティングサービス　言語問題の出題範囲

問題の種類	問題の内容
熟語の成り立ち	熟語を構成する漢字について、前後の関係を選択する
文章のつながり	空欄を含む3つの文章について、最もつながりのよい文章を選択する
文節の並べ替え	選択肢の内容を並べ替えて、1つの文を完成させる
長文読解	語句や文章の補充、設問文の正誤判断など

WEBテスティングサービス独特の問題は「熟語の成り立ち」です。初めて見たときは問題の意味を理解するのに時間がかかります。短時間で全問を解くためのコツは、あらかじめ選択肢の種類をすべてマスターしておくことです。本書に繰り返し取り組んで、覚えておきましょう。

「熟語の成り立ち」問題では、よく出題される熟語があります。156ページに一覧と、選択肢のうちどれに当てはまるのかを掲載していますので、ご参照ください。

本書では、例題をはぶき、練習問題29問を再現しています。

138　言語

練習問題 言語

制限時間 8分00秒

▶正解 145 ページ

【1】 以下の熟語の成り立ち方として、該当するものをA〜Dの中から1つずつ選びなさい。

| **1** 定価 | **2** 穏和 | **3** 民有 | **4** 出納 | **5** 模造 |

A：似た意味を持つ漢字を重ねた　　B：前の漢字が後の漢字を修飾した
C：主語と述語の関係　　　　　　　D：A〜Cのどれにも当てはまらない

【2】 以下の熟語の成り立ち方として、該当するものをA〜Dの中から1つずつ選びなさい。

| **6** 立身 | **7** 波及 | **8** 入念 | **9** 散在 | **10** 清濁 |

A：反対の意味を持つ漢字を重ねた　B：前の漢字が後の漢字を修飾した
C：動詞の後に目的語をおいた　　　D：A〜Cのどれにも当てはまらない

【3】 以下の熟語の成り立ち方として、該当するものをA〜Dの中から1つずつ選びなさい。

| **11** 累積 | **12** 融資 | **13** 悪漢 | **14** 堪忍 | **15** 天賦 |

A：似た意味を持つ漢字を重ねた　　B：主語と述語の関係
C：動詞の後に目的語をおいた　　　D：A〜Cのどれにも当てはまらない

【4】 以下の3つの文を完成させるために、A〜Eのうち最もつながりのよいものを1つずつ選びなさい。ただし、同じ選択肢を重複して使うことはありません。

16 [　　]、外交官や財界人の英語力をできるだけ早く改善することです。

17 [　　]、日本人の意見や考えは、ほとんど世界に知られることがありません。

18 [　　]、日本を世界に広く知らせることが可能となるのです。

A：英語という現時点で最も国際流通性が高い言語を通して

B：国民全体の英語力を上げることよりもはるかに大事なのは

C：日本人の意識改革を進めて英語の国際化に対応することが

D：日本語の国際普及度があまりにも低いために

E：英語は世界中に広まったために

【5】 以下の3つの文を完成させるために、A〜Eのうち最もつながりのよいものを1つずつ選びなさい。ただし、同じ選択肢を重複して使うことはありません。

19 [　　]、いかに環境保全に対して配慮しているかを示す広告を環境広告という。

20 [　　]、企業が環境保全にどのように対処をしているかが問われるようになってきた。

21 [　　]、消費者の誤解を招く可能性があると指摘されている。

A：企業が製品を作る過程から使用中、そして使った後の廃棄やリサイクルにいたるまで

B：環境保全の基準を満たすと認められた製品が使用できる所定のマークは

C：消費者の地球環境問題への関心が高くなるにつれて

D：消費者主体で環境保全を進める仕組みのひとつとして

E：「地球にやさしい」といったあいまいな表現が根拠もなく使用されることは

【6】 文中のア～エの各欄にA～Dの語句を入れて完成させる場合、最も適切な
　　　組み合わせになるものを選びなさい。

22　世界の各地で起こる重大事件が
　　　　[　ア　][　イ　][　ウ　][　エ　]
　　　日常的な出来事になっている。

A：驚かないほど
B：インターネットを通じて
C：今日では誰も
D：各国にすみやかに伝達されることは

【7】 文中のア～エの各欄にA～Dの語句を入れて完成させる場合、最も適切な
　　　組み合わせになるものを選びなさい。

23　建築設計や製品設計の段階で
　　　　[　ア　][　イ　][　ウ　][　エ　]
　　　バリアフリーという。

A：可能な限り考慮して
B：障害者や高齢者などの特性を
C：段差や仕切りを取り除くことを
D：使用上の問題となりそうな

【8】次の文章を読み、問いに答えなさい。

　リテラシーとは「文脈やその背景に考えを及ぼすことのできる力」を指す。【a】同じ出来事を体験しても、その出来事から受ける印象は、政府、企業、自治体、組織、あるいは、それを統括するトップ、担当者、専門家、メンバーのそれぞれの能力やモチベーションにより異なる。【b】それは、個々人がこれまでに経験した事柄や、受けた教育、事前に得られた知識や、実際に発生するであろうと予測したシナリオ（発生可能性）、それらを前提とした訓練のレベル、取り組み方などによって決まるものである。そして、組織やメンバーが回避したいリスクの大きさや、受け止めることのできるリスクの大きさにより、対応手段が異なってくる。【c】つまり、リスクリテラシーは、「リスクやリスクの芽に接した私達が、　　　　　　　　の本質を認識し、具体的な対処方法を検討し、実行可能解の中から、次のステップを決定する力」である。【d】

[林 志行／nikkei BP net『現代リスクの基礎知識』「リスクリテラシーとは何か」2005 年8月9日
（http://www.nikkeibp.co.jp/style/biz/feature/risk/050809_riskliteracy/）／日経BP社]

24　文中の空所　　　　　　　に入れるべきことばを、3文字以内で文中から抜き出しなさい。

25　次の一文を挿入する場合、最も適切な場所を【a】～【d】から選びなさい。
　　こうしたことを網羅した概念としてリスクリテラシーを掲げたい。

　　A：【a】　　　　　　**B**：【b】　　　　　　**C**：【c】　　　　　　**D**：【d】

26　文中で述べられていることから判断して、ア、イについて正誤を答えなさい。
　　ア　同じ出来事を体験しても受ける印象は同じでない
　　イ　リスクリテラシーとは、発生可能性を前提とした訓練のレベルから、次のステップを決定する力のことである

　　A：アもイも正しい　　　　　　　　　　**B**：アは正しいがイは誤り
　　C：アは誤りだがイは正しい　　　　　　**D**：アもイも誤り

【9】次の文章を読み、問いに答えなさい。

　日本は世界でも最先端の情報ネットワーク先進国になりつつある。地域間格差など問題も残っているが、料金的にも利用されている回線速度から考えても利用しやすい環境ができてきている。【a】つい五年前には世界どころかアジアの中でも落伍してしまうのではないかと心配していたことを考えると、隔世の感がある。【b】プラズマディスプレーやデジタルカメラなどのデジタル機器の好調もあって、デジタル先進国としての世界的な地位も再び固まりつつあると言っていいだろう。自信喪失気味だった日本にとって、そのような短期的な成功も大事なのだが、本当はもっと大きなチャンスがめぐってきているように思う。すなわち、情報ネットワークの整備によって、日本が二十一世紀の世界のあり方を提案し、実現に向けて先導をする絶好の位置に立っている。【c】二十世紀型の、力によって自然と社会を統制するモデルにかわって、環境に配慮した持続的な経済成長を実現したり、高齢化などに強い参加型社会を実現したりする態勢が整ってきた。【d】また、それを実現してこそ、情報ネットワーク整備への取り組みも真に価値のあるものと言えるようになるし、ニーズに引かれる形で地方などに残るデジタルデバイドの問題も解決に向かうだろう。

[國領二郎／『オープン・ソリューション社会の構想』／日本経済新聞出版社]

---

27 次の一文を挿入する場合、最も適切な場所を【a】～【d】から選びなさい。
無線などを駆使したユビキタス化も進展している。

A：【a】　　　　B：【b】　　　　C：【c】　　　　D：【d】

---

28 文中下線の部分もっと大きなチャンスは、次のどれを指すか。

A：アジアの中で優位に立つこと
B：デジタルデバイドの問題の解決
C：日本の自信回復
D：二十一世紀の世界のあり方の提案と先導

29 文中で述べられていることから判断して、ア、イについて正誤を答えなさい。

ア　情報ネットワーク先進国では、環境に配慮した持続的な経済成長を実現している

イ　情報ネットワーク整備への取り組みを真に価値のあるものにするためには、デジタルデバイドの問題の解決が不可欠である

A：アもイも正しい　　　　　　　　B：アは正しいがイは誤り
C：アは誤りだがイは正しい　　　　D：アもイも誤り

解説 言語

【1】

1 定価（ていか）

「修飾」は言葉の飾り、つまり、ある言葉が他の言葉を説明することを言います。

「定価」は、前の漢字「定まった」が、後の漢字「価」を詳しく説明しています。ですから、「前の漢字が後の漢字を修飾」しているといえます。

正解 B：前の漢字が後の漢字を修飾した

---

2 穏和（おんわ）

穏（おだ）やか ＝ 和（なご）やか

「穏（おだ）やか」と「和（なご）やか」は似た意味の漢字です。

似た意味の漢字かどうかは、このように、熟語を1つずつの漢字に分解して、それぞれを訓読みにして比べると、判断しやすいです。

正解 A：似た意味を持つ漢字を重ねた

---

3 民有（みんゆう）

「～が～する」という形になるのは、主語と述語の関係にある熟語です。「民有」は、「民」が「有」する、つまり「～が～する」の形なので、主語と述語の関係にある熟語だといえます。ここでは、分かりやすいように、述語のことを「～する」と書きましたが、実際には「赤い（形容詞）」「進む（「～する」以外の動詞）」「楽だ（形容動詞、名詞＋だ）」など、「～する」以外の形も述語になります。

正解 C：主語と述語の関係

4 出納（すいとう）

「出る」と「納める」は、「反対の意味を持つ漢字」ですが、選択肢にはありません。

なお、反対の意味の判別も、似た意味と同様に、熟語を1つずつの漢字に分解して、それぞれを訓読みにして比べる方法が、分かりやすくお勧めです。

正解 D：A～Cのどれにも当てはまらない

---

5 模造（もぞう）

正解 B：前の漢字が後の漢字を修飾した

【2】

6 立身（りっしん）

身を　　　立てる
└─目的語「～を」　└─動詞

「～を～する」という形になるのは、動詞と目的語の関係にある熟語です。

「立身」は、「身」を「立」てるとなり、「～を～する」の形です。なおかつ、熟語になったときの順番は「動詞」の「立てる」が先なので、「動詞の後に目的語をおいた」語だといえます。ここでは分かりやすいよう動詞を「～する」と書きましたが、実際には、「出す」「除く」など、どのような動詞が入ってもかまいません。

参考までに、動詞とは、動作や状態などを表す語で、ウ段で終わる（最後の音をのばして発音すると「ウ」になる。「～う」「～く」「～す」「～つ」……）のが特徴です。

正解 C：動詞の後に目的語をおいた

7 波及（はきゅう）

「波及」は、「波」が「及」ぶで「〜が〜する」の形なので、「主語と述語の関係」ですが、選択肢にはありません。

正解 D：A〜Cのどれにも当てはまらない

---

8 入念（にゅうねん）

正解 C：動詞の後に目的語をおいた

---

9 散在（さんざい）

正解 B：前の漢字が後の漢字を修飾した

---

10 清濁（せいだく）

清（きよ）い ⇔ 濁（にご）る

正解 A：反対の意味を持つ漢字を重ねた

【3】

11 累積（るいせき）

累（かさ）ねる ＝ 積もる

> 正解 **A：似た意味を持つ漢字を重ねた**

---

12 融資（ゆうし）

資（金）を　　　　融（通）する
└─目的語「〜を」　　└─動詞

> 正解 **C：動詞の後に目的語をおいた**

---

13 悪漢（あっかん）

ここで使われている「漢」は、「男」という意味です。

> 正解 **D：A〜Cのどれにも当てはまらない**

---

14 堪忍（かんにん）

堪（た）える ＝ 忍（しの）ぶ

> 正解 **A：似た意味を持つ漢字を重ねた**

---

15 天賦（てんぷ）

天が　　　　　賦(ふ)する
└─主語「〜が」　└─述語「〜する」

> 正解 **B：主語と述語の関係**

【4】

16 まず、**16** の「英語力をできるだけ早く改善すること」という箇所に注目して、ここにつながりそうな選択肢を探します。

「**A**」～「**E**」の各選択肢のうち、文のつながり上、自然なのは「**A**：……通して」＋「英語力をできるだけ早く改善すること」と、「**B**：……はるかに大事なのは」＋「英語力をできるだけ早く改善すること」です。

この2つについて意味のつながりを見ると、「**A**」は、英語を通して英語力を改善するという内容で、不自然です。残りの「**B**」は、英語力を改善するのは国民全体よりも、まずは外交官などからという提案で、意味のつながりが適切です。

> **正解 B：国民全体の英語力を上げることよりもはるかに大事なのは**

----

17 **17** は「日本人の意見や考えは」と限定したうえで、「ほとんど世界に知られることがありません」と否定しています。ということは、問題文の前には、このような考えに至った理由や原因が述べられているはずです。

そう考えながら、まずは文のつながりに注目して適切な選択肢を探すと、「**D**」と「**E**」が「～ために」と理由を述べています。

次に、この2つについて意味のつながりを見てみます。

「**D**」をつなげると、日本語が普及していないから、日本人の意見や考えも広まらないという内容になり、適切です。

一方、「**E**」はつなげると、英語が広まったために、日本人の考えが広まらないという内容になり、不適切です。

> **正解 D：日本語の国際普及度があまりにも低いために**

----

18 まず、**18** の末尾の「可能となるのです」に注目して、ここにつながる選択肢を探します。

可能性があるのは「**A**：……言語を通して」＋「可能となるのです」、「**D**：……低いために」＋「可能となるのです」、「**E**：……広まったために」＋「可能となるのです」の3つです。

このほかに、「**C**」も内容的につながりそうですが、文のつながりは「**C**：……対応することが」＋「知らせることが可能となるのです」となって「ことが」の繰り返しで、不適切です。

3候補のうち、「**D**」は前の **17** で使用済みなので除きます。

言語 149

残りの2候補のうち「**A**」をつなげると、英語という国際流通性が高い言語を通して、日本を広く知らせることが可能となるという内容で適切です。

一方、「**E**」だと、英語が広まることが日本を広く知らせることとなってしまい、不自然な内容です。

> **正解** **A：英語という現時点で最も国際流通性が高い言語を通して**

- -

【5】

19 **19** の「いかに環境保全に対して配慮しているかを示す広告を環境広告という」は、「環境広告」の定義づけです。ということは、前には環境広告の説明を補足する内容がくるはずです。

そう考えながら、選択肢を探すと、該当するのは「**A**」だけです。つなげると、企業が全工程で環境保全に配慮していることを示すのが環境広告という内容になり、適切です。

念のため、残りの選択肢を見ると、「**B**」はマークのこと、「**C**」は消費者の関心の高まりのこと、「**D**」は消費者主体の仕組みのこと、「**E**」は根拠のない表現の使用のことで、いずれも「環境保全に対して配慮しているかを示す広告」に対する補足説明になっていないため、不適切です。

> **正解** **A：企業が製品を作る過程から使用中、そして使った後の廃棄やリサイクルにいたるまで**

- -

20 **20** の末尾の「問われるようになってきた」に注目して、まずは文のつながりが自然な選択肢を探します。

該当するのは、「**A**：……にいたるまで」+「問われるようになってきた」、「**C**：……高くなるにつれて」+「問われるようになってきた」、「**D**：……仕組みのひとつとして」+「問われるようになってきた」の3つです。

次に、内容に注目すると、まず「**D**」は、消費者主体の仕組みの1つとして企業の対処方法が問われるようになってきたという内容になってしまい、明らかに不適切です。

残りの「**A**」と「**C**」は、どちらも内容的に適切ですが、「**A**」は前の **19** で使われています。

> **正解** **C：消費者の地球環境問題への関心が高くなるにつれて**

21 **21** は「消費者の誤解を招く可能性があると指摘されている」となっており、「誤解を招く可能性」ということは、前には何か誤解を招く原因となる内容がくるはずです。そう考えながら、選択肢を探すと、原因となりそうなのは「B」と「E」です。

いずれも文のつながりは適切なので、内容に注目します。「B」は「基準を満たすと認められた製品が使用できる所定のマーク」で、対する「E」は「あいまいな表現が根拠もなく使用されること」ですから、より誤解を招きそうなのは、あいまいで根拠のない「E」のほうです。

正解 E:「地球にやさしい」といったあいまいな表現が根拠もなく
使用されることは

【6】

22 文節を並べ替えて1つの文章を完成させる問題です。先頭と最後の文章を手がかりに、[ ] 内を埋めていきます。

この設問では、先頭の文の「重大事件」から考えます。「重大事件が、どうなるのか」と考えると、つながりそうなのは「D:各国にすみやかに伝達されることは」です。仮に「ア」にDが入ると考えます。

次に、設問の最後の文を見ます。「日常的な出来事になっている」の前に置いて、違和感がなさそうなのはAとCです。この2つの適切な並び順は「C:今日では誰も」+「A:驚かないほど」とすぐに分かります。

残った「イ」にBの「インターネットを通じて」を入れてつなげると、「D:各国にすみやかに伝達されることは」+「B:インターネットを通じて」+「C:今日では誰も」という文章になります。

これでは明らかに不適切な文なので、DとBの順を入れ替えてみます。すると、「世界の各地で起こる重大事件が」+「B:インターネットを通じて」+「D:各国にすみやかに伝達されることは」+「C:今日では誰も」という文章になり、違和感がありません。

正解 ア:B　　イ:D　　ウ:C　　エ:A

【7】

23 設問の最後の文「バリアフリーという」に着目します。「何をバリアフリーというのか?」と考えると、答えになりそうなのは「C:段差や仕切りを取り除くことを」だけです。「エ」はCで確定です。

次に、A、B、Dについて考えます。「エ」に入るCの「取り除く」から、そ

言語　151

の理由になりそうな内容を考えると、適切なのは「**D**：使用上の問題となりそうな」となります。

残った「**A**：可能な限り考慮して」と「**B**：障害者や高齢者などの特性を」の並び順ですが、主述の関係から、明らかに**B**が先に来ると分かります。

正解 ア：B　イ：A　ウ：D　エ：C

【8】

24　記述式の問題です。WEBテスティングサービスの言語問題では、記述式の問題は、本文内の表現を抜き出すタイプのものがほとんどです。この問題では、「リスクリテラシー」の定義の一部となる単語が空欄に入ります。

空欄の前の「リスクやリスクの芽に接した私達が」という表現に注目します。リスクに接した後に「本質を認識」するもので、3文字以内という条件に当てはまるのは「リスク」しかありません。

正解 リスク

25　WEBテスティングサービスの長文読解では、この設問のように文章を挿入する問題がよく出題されます。

この設問では、挿入する文章が「こうしたこと」と指示語で始まり、さらに「網羅」と続いていることに注意します。挿入した箇所より前で述べられていることを受けて続き、しかも複数の何かをまとめていると推測される文です。挿入後に、つながりが適切かどうかを見ていきます。

まず、【a】の前にあるのは「リテラシー」の定義だけです。「こうしたことを網羅」と続けるのは適切ではありません。

【b】は、後ろの文章が「それは」で始まっていることに注意します。この文は【a】の後ろにある「同じ出来事を体験しても、受ける印象は異なる」という趣旨を受けたものです。ここに文章を挿入するのは適切ではありません。

【c】は、前の文章で「リスクリテラシー」に通じる「リスク」という言葉が出てきます。また、本文全体を見ても、ここまでで「同じ出来事を体験しても、受ける印象は異なる」「リスクの大きさにより対応手段は異なる」と複数の要素が出されているので、この位置に「こうしたことを網羅」という文章が続いても違和感がありません。

残った【d】は、後ろに挿入しても意味が通りません。

正解 C：【c】

152　言語

26 　問題文の内容が、本文で述べられていることに沿っているかどうかを判断するタイプの問題です。それぞれの問題文からキーとなりそうな言葉を見つけ、それを手がかりに本文の該当する箇所と比較します。

○　ア　<u>同じ出来事を体験しても</u>受ける印象は<u>同じでない</u>

　　　　　　　　　　　　　　　　► ＝異なる

　本文の2行目に、設問と全く同じ「同じ出来事を体験しても」という表現があります。この文を続けて見ていくと「出来事から受ける印象は」「～により異なる」ともあり、まとめると、「同じ出来事を体験しても受ける印象は異なる（同じでない）」となり、問題文が正しいことが分かります。

✕　イ　<u>リスクリテラシーとは</u>、発生可能性を前提とした訓練のレベルから、

　　　次のステップを決定する力のことである　　　✕

　この問題文は、「リスクリテラシーとは」で始まっています。本文で、同じ内容が述べられているのは末尾から4行目の「つまり、リスクリテラシーは」で始まる文章です。ここには、問題文と同じ「次のステップを決定する力」という内容もあります。ただし、「発生可能性を前提とした訓練のレベルから」はありません。

　この内容は、本文の2行目から始まっている「出来事から受ける印象」を決める要素の1つとして4～7行目で述べられています。リスクリテラシーのことではないので、「イ」は誤りと分かります。

正解 **B：アは正しいがイは誤り**

【9】

27　**25**と同じタイプの問題です。挿入する文章は「無線などを駆使」「進展」とあり、なんらかの技術的な進展を示したものと推測できます。

　次に、挿入位置（【a】〜【d】）ごとの文を見てみましょう。

　まず、冒頭から【a】の位置までです。「情報ネットワーク先進国」「回線速度」「利用しやすい環境ができてきている」とあり、「『情報ネットワーク』に関して、技術的な面での発展をしている」ことが読み取れます。

　この時点で、以降の挿入位置を読解するまでもなく、本文と挿入する文とで意味合いが共通していることが分かります。【a】の後ろに文章を挿入してつなげてみると、違和感がありません。

　なお、【b】〜【d】で、【a】と同様に挿入位置までの文章を見てみると、以下のように挿入する文章と意味合いが一致しません。

　・【b】：過去と現在を比較した感想

　・【c】：何か（具体的には不明）の機会を示した文

　・【d】：経済的、社会的な新しい態勢の実現の可能性を示した文

正解　A：【a】

28　「もっと大きなチャンス」という抽象的な内容の、具体的な言い換えを本文から探します。評論文では、まず抽象的な内容が述べられ、そのあとでより具体的な言い換えがされるケースが多くあります。

　ここでは、下線部の文章の後に「すなわち」という接続詞で始まる文があることに注目します。「すなわち」は前の文を説明、または補足する役目があります。つまり、「すなわち」で始まる文章が、下線部を含む文章の具体的な言い換えなのです。

　「すなわち」で始まる文章では、「日本が二十一世紀の世界のあり方を提案」「実現に向けて先導をする絶好の位置」とあります。この内容が盛り込まれている選択肢は、「**D：二十一世紀の世界のあり方の提案と先導**」だけです。

正解　D：二十一世紀の世界のあり方の提案と先導

29 **26**と同じタイプの問題です。キーワードを元に本文を見ていきます。

✗ ア　情報ネットワーク先進国では、環境に配慮した持続的な経済成長を実現している

「環境に配慮した持続的な経済成長を実現」という内容について本文を見ます（11〜12行目）。すると、本文には経済成長が実現できた、と判断できる記述はありません。これについては、「態勢が整ってきた」「それを実現してこそ」とあるだけです。よって、「ア」は誤りです。

✗ イ　情報ネットワーク整備への取り組みを真に価値のあるものにするためには、デジタルデバイドの問題の解決が不可欠である

ここで述べられている内容は、本文の末尾から3行目の「また、それを実現してこそ〜」の文章にすべて含まれています。ここと照らし合わせれば、問題文が正しいか誤りかが分かります。

「それを実現してこそ」で指している内容は、その前の文にある「環境に配慮した持続的な経済成長」「高齢化などに強い参加型社会」です。つまり、情報ネットワーク整備への取り組みを真に価値のあるものと言えるようにするためには、これら2つの実現が必要ということです。「デジタルデバイドの問題の解決」は「真に価値のあるものと言えるようになる」ことには関係ありません。よって、「イ」は誤りです。

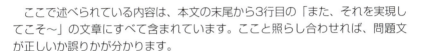

正解　D：アもイも誤り

WEBテスティングサービス
（言語問題）「熟語の成り立ち」頻出熟語一覧　（五十音順）

似た意味を持つ単語を重ねた

※熟語を分解し、訓読みにして比べる！

安泰	あんたい
衣服	いふく
競争	きょうそう
堅固	けんご
秀逸	しゅういつ
承諾	しょうだく
清潔	せいけつ
旋回	せんかい
尊重	そんちょう
沈没	ちんぼつ
年齢	ねんれい
併合	へいごう

反対の意味を持つ単語を重ねた

※熟語を分解し、訓読みにして比べる！

往復	おうふく
許否	きょひ
慶弔	けいちょう
巧拙	こうせつ
今昔	こんじゃく
師弟	してい
伸縮	しんしゅく
聖邪	せいじゃ
当落	とうらく
彼我	ひが
美醜	びしゅう
名実	めいじつ

前の漢字が後の漢字を修飾した

※前の漢字が後ろの漢字を説明しているかで判断！

握力	あくりょく
永住	えいじゅう
温泉	おんせん
歓声	かんせい
苦笑	くしょう
細分	さいぶん

慈雨	じう
勝因	しょういん
惜敗	せきはい
泥酔	でいすい
初雪	はつゆき
傍聴	ぼうちょう

動詞の後に目的語をおいた

※前後を逆にし「〜を〜する」となるかで判断！

延期	えんき
加勢	かせい
献金	けんきん
催眠	さいみん
受難	じゅなん
除湿	じょしつ
節電	せつでん
卒業	そつぎょう
断念	だんねん
点灯	てんとう
比肩	ひけん
離陸	りりく

主語と述語の関係

※「〜が〜する」という文になるかで判断！

気絶	きぜつ
気楽	きらく
国禁	こっきん
国有	こくゆう
市営	しえい
自炊	じすい
人造	じんぞう
神託	しんたく
日照	にっしょう
氷解	ひょうかい
船出	ふなで
民営	みんえい

2 非言語

正解へのカギ

● 1問あたりの制限時間が短い。工夫をして、すばやく計算する

　WEBテスティングサービスの非言語能力適性検査は、問題の難易度はそれほど高いものではありません。しかし、問題ごとに制限時間が設定されています。1問あたりの制限時間は短めなので、普通の計算では間に合いません。すばやく解く工夫（計算をはしょったりする）をすることが重要です。すばやく解く具体的な工夫は練習問題の解説で詳しく紹介しています。

　練習問題を解く際にはストップウオッチなどを使って、1問を1分程度で解けるかを確認しながら実施すると効果的です。

　本書ではWEBテスティングサービス独自の問題と出題数が多かった問題を中心に再現しました。

　例題をはぶき、10問を再現しています。

　WEBテスティングサービスの出題範囲は51ページをご覧ください。

非言語　157

| 練習問題 | 非言語 | 制限時間 10分00秒 |

▶正解 162 ページ

1 次のア、イのうち、どれがあれば ［ 問い ］ の答えが分かるか。
A～Eまでの中から1つ選びなさい。

X、Y、Zは1から9までの整数のいずれかで、X＋Y＝14、Y＋Z＝13である。

［問い］ X、Y、Zはいくつか。

　条件ア：3つのうち最も大きい数字はXである
　条件イ：X、Y、Zは異なる数字である

A：アだけで分かるが、イだけでは分からない
B：イだけで分かるが、アだけでは分からない
C：アとイの両方で分かるが、片方だけでは分からない
D：アだけでも、イだけでも分かる
E：アとイの両方があっても分からない

- -

2 下の空欄にあてはまる数字を答えなさい。

リンゴとナシが12個ずつ、ミカンが24個あり、U太、P子、Q助の3人で分けた。3人がもらったフルーツの数について、以下のことが分かっている。

　条件ア：リンゴはU太とP子の2人が、ナシはP子だけが、ミカンはU太とQ助の2人がもらった。
　条件イ：U太がもらったフルーツの数は、リンゴはP子の3倍、ミカンはQ助の1/5だった。

このとき、U太のもらったフルーツは合計で _____ 個である。

158　非言語

3 下の空欄にあてはまる数字を答えなさい。

商品Jが48個、商品Kが180個ある。これらをあまりなく使って同じ内容の贈呈品セットを作成する。1セットあたりの個数について、上司から次のように条件を指示されている。

　条件ア：商品Jは1セットあたり5個以下にする。
　条件イ：商品Kは1セットあたり15個以上にする。

このとき、贈呈品セットは [　　　　] 組できる。

4 下の空欄にあてはまる数字を答えなさい。

H、J、K、L、Mはすべて異なっている整数であり、いま、H、J、K、L、Mについて以下のことが分かっている。

　条件ア：H＋J＋K－（L＋M）＝45
　条件イ：H＋J＋K＝52
　条件ウ：L－M＝1

このとき、Mは [　　　　] である。

5 下の空欄にあてはまる数字を答えなさい。

ある月の営業経費は24万8,000円で、そのうち人件費は18万6,000円だった。人件費の営業経費に占める割合は [＿＿＿＿] ％である（必要なときは、最後に小数点以下第1位を四捨五入すること）。

- -

6 下の空欄にあてはまる数字を答えなさい。

あるゴルフ場の休日のプレー料金は平日の7割増しの料金であるが、休日の早朝に限りその2割引となる。休日の早朝のプレー料金は平日の [＿＿＿＿] ％増しの料金である。

- -

7 下の空欄にあてはまる数字を答えなさい。

あるイベント会場の来場者3,500人のうち、会場で買い物をした人は65％、会場内で食事をした人は20％、買い物と食事の両方をした人は14％だった。このとき買い物と食事のどちらか一方だけした人は [＿＿＿＿] 人である。

- -

8 下の空欄にあてはまる数字を答えなさい。

赤玉4個と青玉6個が入った箱Xと、赤玉3個と青玉9個が入った箱Yがある。これに対して、サイコロを振って偶数が出たら箱Xから、奇数が出たら箱Yから玉を1個取り出すことにした。このとき、青玉を取り出す確率は [＿＿＿] ／ [＿＿＿＿] である。約分した分数で答えなさい。

160　非言語

表はある店のクリスマスケーキの販売個数をまとめたものである。以下の2問に答えなさい。

販売日 ＼ 価格	1,500円	2,000円	2,500円	3,000円
12月23日	17	29	21	29
12月24日	31	38	24	38
12月25日	27	23	15	18

9 12月24日の2,500円のケーキの売上額が、3日間の2,500円のケーキの合計売上額に占める割合は ☐ ％である（必要なときには、最後に小数点以下第1位を四捨五入すること）。

10 次のア、イ、ウのうち正しいものはどれか。A～Fまでの中から1つ選びなさい。

ア：12月25日の売上額が最も多かったのは、3,000円のケーキである

イ：1,500円のケーキの3日間の平均売上額は、40,000円である

ウ：12月24日の3,000円のケーキの売上額は、同じ日の2,000円のケーキの売上額の1.5倍である

A：アだけ   B：イだけ   C：ウだけ

D：アとイの両方   E：アとウの両方   F：イとウの両方

解説 非言語

1. 仮にXが「9」の場合、「X+Y=14」なのでYは「5」です。また、「Y+Z=13」なのでZは「8」です。このように、冒頭の条件から考えられる限りのX、Y、Zの組み合わせを作ってみます。

すると、以下の表のようになります。このうち、条件アまたはイにより除外されるのが、色の部分です。

X	Y	Z	X+Y	Y+Z
9	5	8	9+5=14	5+8=13
8	6	7	8+6=14	6+7=13
7	7	6	7+7=14	7+6=13
6	8	5	6+8=14	8+5=13
5	9	4	5+9=14	9+4=13
	4	9		4+9=13

残った組み合わせは、X、Y、Zが「9、5、8」、または「8、6、7」です。つまり、条件アとイの両方があっても、X、Y、Zがいくつなのかは絞り込むことができません。

※実際に解くときのメモ書きは、X、Y、Zを簡潔に列挙したり、条件に当てはまらない箇所は書かないなど、時間短縮の工夫をします。

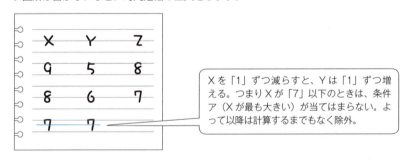

正解 E：アとイの両方があっても分からない

2 　説明文と条件アから明らかになったことを表にすると分かりやすいです。

U太とP子とQ助の3人がもらったフルーツを○、もらっていないフルーツを×にして表にします。

	U太	P子	Q助
リンゴ(12個)	○	○	×
ナシ 　(12個)	×	○	×
ミカン(24個)	○	×	○

　条件アからU太がもらったフルーツはリンゴとミカンで、ナシはもらっていません。

　リンゴをもらったのはU太とP子だけです。条件イに「U太がもらったフルーツの数は、リンゴはP子の3倍」とありますから、U太のリンゴ：P子のリンゴ＝3：1となります。

　よって、U太がもらったリンゴは以下の式で求めることができます。

　12（個）÷4×3＝9（個）

　条件イにはまた、「U太がもらったフルーツの数は、（略）ミカンはQ助の1/5だった」とありますから、U太のミカン：Q助のミカン＝1：5となります。

　よって、U太がもらったミカンは以下の式で求めることができます。

　24（個）÷6×1＝4（個）

　U太がもらったリンゴとミカンの数を足せば正解となります。

　9＋4＝13

正解 13

3 ここでの条件は、「条件ア：商品Jは1セットあたり5個以下」と「条件イ：商品Kは1セットあたり15個以上」です。

条件イから商品Kを15個以上にすることが決められているので、商品Kの個数を最低限とすると12セットできます。

180（個）÷15（個）　　＝12（セット）

12セットだと商品Jは4個ずつ分けることになり、アの1セットあたり5個以下という条件にも合致します。

48　（個）÷12（セット）＝　4（個）

正解 **12**

----

4 「条件イ：H＋J＋K＝52」を、条件アの「H＋J＋K」に代入します。

H＋J＋K－（L＋M）＝45

52－（L＋M）＝45

L＋M ＝7 …… 条件エとする

条件ウ：L－M＝1は、以下のように変えることができます。

L－M＝1

L＝1＋M …… 条件オとする

条件オを条件エに代入します。

L＋M＝7

1＋M＋M＝7

M＋M＝7－1

2M＝6

M＝3

正解 **3**

164　非言語

5 求める数値、人件費の営業経費に占める割合は、「人件費」÷「営業経費」で得られます。

186,000（円）÷248,000（円）＝0.75＝75%

正解 75

---

6 平日の料金を x とすると、休日の料金は7割増しですから、1.7x で表すことができます。

休日の早朝料金はその2割引ですので、休日の早朝プレー料金は平日の何%増しになるかは、以下の通りです。

1.7x×0.8＝1.36x

よって、正解は36%増しの料金となります。

正解 36

---

7 まず、「買い物と食事のどちらか一方だけした人」が何%なのかを計算し、それを来場者数に掛け算します。

買い物をした　　食事をした　　　両方した　　　一方だけした
65%　　＋　　20%　　－　　（14%×2）　＝　　57%

来場者数　　　　一方だけした割合　　一方だけした数
3,500（人）　×　0.57　＝　1,995（人）

※【「14%」を2倍した理由】
「買い物をした人」から「両方した人」、「食事をした人」から「両方した人」と、2回分の引き算をする必要があるためです。

正解 1,995

8　この問題で求めるのは「『サイコロの目が偶数で、なおかつ青玉の確率』か、または『サイコロの目が奇数で、なおかつ青玉の確率』」です。

これを確率の知識（80ページ参照）に基づいて式にすると

（偶数の確率×青玉の確率）＋（奇数の確率×青玉の確率）

となります。

あとは、それぞれの確率を求めて計算すれば答えが出ます。

$$\left(\underset{\text{サイコロが偶数}}{\frac{1}{2}} \times \underset{\text{Xが青玉}}{\frac{6}{10}}\right) + \left(\underset{\text{サイコロが奇数}}{\frac{1}{2}} \times \underset{\text{Yが青玉}}{\frac{9}{12}}\right) = \frac{27}{40}$$

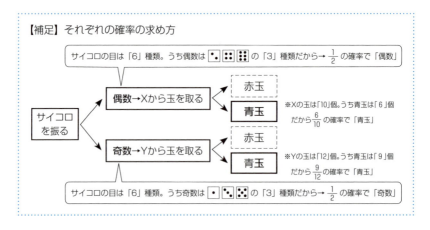

【補足】それぞれの確率の求め方

なお、答えるときには「約分」（できるだけ簡単な分数にする）を忘れないように気をつけてください。

※例えば「$\frac{81}{120}$」は、約分していないので誤りです。分母と分子を最大公約数の3で割り算して、「$\frac{27}{40}$」と答えなければなりません。

正解 27／40

9　2,500円のケーキについて、「24日の販売個数」÷「3日間の販売個数」を計算すると、すばやく答えが出せます。

　12月24日　：24（個）

　3日間の合計：21（個）＋24（個）＋15（個）＝60（個）

　よって、24（個）÷60（個）＝0.4＝40％

※売上額を出さなくても、答えを導けることに気がつきましょう。売上額を計算するよりも、短時間で答えを出すことができます。

正解 40

10　ア、イ、ウそれぞれについて、正しいかどうかを検証します。

　いずれも、きちんと計算していると時間が足りなくなります。この問題も、できるだけ売上額の計算をせずに済ませることが、すばやく解くコツです。

ア　3,000円のケーキの販売個数18個を基準にして、何個以上なら、それよりも売上額が多くなるかを考えます。

　3,000円のケーキより売上額が多くなる個数は、

● 1,500円（＝倍額が3,000円）のケーキなら

　18（個）×2＝36個以上

● 2,000円（＝1.5倍つまり $\frac{3}{2}$ 倍が3,000円）のケーキなら

　18（個）× $\frac{3}{2}$ ＝27個以上

● 2,500円のケーキは、3,000円のケーキより価格・販売個数ともに少ない（売上額も少ない）ので、個数を考えるまでもなく対象外。

　表を見てみると、1,500円・2,000円のケーキともに、12月25日の販売個数は、これよりも下です。よって、12月25日に売上額が最も多かったのは、3,000円のケーキだといえます。よって、アは正しい。

非言語　167

イ　1,500円のケーキについて計算します。

　　3日間の販売個数：17（個）＋31（個）＋27（個）＝75（個）

　　1日あたりの平均販売個数：　75（個）÷3（日）＝25（個）

　　1日あたりの平均売上額：　1,500（円）×25（個）＝37,500（円）

　　よって、イは誤り。

ウ　12月24日には、2,000円と3,000円のケーキは、同じ個数売れています。

　　つまり、売上額の違いは、価格に比例することになるので、

　　3,000（円）÷2,000（円）＝1.5倍

　　よって、ウは正しい。

正解 E：アとウの両方

3章

玉手箱・C-GAB

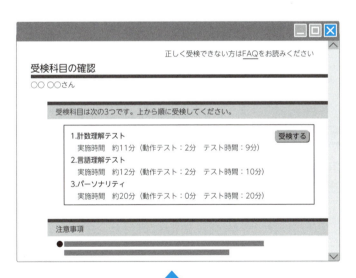

この画面が出たら
玉手箱

玉手箱・C-GAB【概要】

玉手箱は、日本SHLのWebテストです。計数・言語・英語がそれぞれ2〜3種類あり（下記の表参照）、さらに性格適性検査も存在します。これらの検査は、さまざまな組み合わせで使用されます。

●玉手箱の構成

科目	種類	内容	問題数	制限時間
計数	四則逆算	一次方程式	50問	9分
	図表読取	図表から数値を読み取って計算する。1つの表に対し、問題は1つ	29問 （40問のことも）	15分 （35分）
	欠落表	表の空欄に当てはまる数値を推測する	20問 （35問のことも）	20分 （35分）
言語	論理正誤	長文を読み、論理の正誤を判定する	36問 （52問のことも）	15分 （25分）
	趣旨判定	長文を読み、設問文が趣旨かどうかを判定する	32問	10分
	趣旨選択	長文を読み、趣旨を選択する	10問	12分
英語	論理正誤	英語の長文を読み、論理の正誤を判定する	24問	10分
	長文読解	英語の長文を読んで英語の問題に答える	24問	10分
性格適性検査	OPQ	性格を30の尺度で測定	68問	約20分

種類ごとの違いを事前に把握しよう

玉手箱では種類ごとに問題の形式や出題内容が違います。しっかり対策をし、それぞれの種類を把握しておきましょう。

玉手箱では誤謬率は測定していない！

玉手箱では誤謬率（誤答率のこと）は測定していません。ですから、分からない問題もなるべく推測して、正解と思われる答えを回答しておくと、得点が高くなる可能性があります。

玉手箱の受検画面

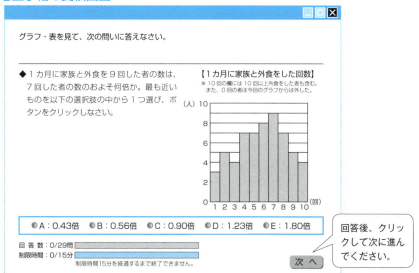

テストセンターで玉手箱を受ける「C-GAB（シーギャブ）」

玉手箱の一部の科目をテストセンターで受ける「C-GAB」というテストが登場しています。C-GABは、言語の「論理正誤」、計数の「図表読取」、英語の「長文読解」と性格適性検査（OPQ）で構成されています。

自宅で受ける玉手箱では電卓が使えますが、テストセンターでは電卓の使用は許されません。テストセンター対策をするときは、計数は筆算で解くようにしましょう。

1 計数　四則逆算

正解へのカギ

- ● 電卓とメモ用紙を用意する
- ● 分数、小数、パーセントの変換に慣れておく

▶ 大量の一次方程式を解く

　玉手箱の四則逆算では、一次方程式が、制限時間9分で50問出題されます。

▶ 電卓とメモ用紙を用意する

　電卓やメモ用紙を使用することができます。電卓での操作・計算を練習しておきましょう。また、問題によっては電卓で計算するよりも、メモ用紙を使って計算した方がすばやく解ける問題もあります。

▶ 解き方は一次方程式と同じ

　玉手箱の四則逆算の解き方は、一次方程式の解き方と同じです。移項（符号を変えて他の辺に移すこと）によって、空欄（□）を左辺、他の数値を右辺にまとめます。

▌一次方程式の移項方法

＋の式	□＋a＝b → □＝b－a a＋□＝b → □＝b－a	×の式	□×a＝b → □＝b÷a a×□＝b → □＝b÷a
－の式	□－a＝b → □＝b＋a a－□＝b → □＝a－b	÷の式	□÷a＝b → □＝b×a a÷□＝b → □＝a÷b

▶ 分数、小数、パーセントの変換に慣れておく

　問題を解くときに、「分数⇔小数」、「パーセント⇔小数」、「分数⇔パーセント」などの変換が必要になることがよくあります。中でも手間取るのは、「$\frac{3}{5}$＝60％」のような「分数⇔パーセント」の変換でしょう。

172　計数

分数、小数、パーセントの3つをすぐに変換ができるようにしておきましょう。

▎玉手箱の四則逆算でよく使われる分数・小数・パーセントの一覧

分数	$\frac{1}{2}$	$\frac{1}{4}$	$\frac{3}{4}$	$\frac{1}{5}$	$\frac{2}{5}$	$\frac{3}{5}$	$\frac{4}{5}$	$\frac{1}{8}$	$\frac{1}{10}$	$\frac{1}{20}$	$\frac{1}{25}$	$\frac{1}{50}$	$\frac{1}{100}$
小数	0.5	0.25	0.75	0.2	0.4	0.6	0.8	0.125	0.1	0.05	0.04	0.02	0.01
%	50%	25%	75%	20%	40%	60%	80%	12.5%	10%	5%	4%	2%	1%

例題 式中の□に入る数値として正しいものを選択肢の中から1つ選びなさい。

□×5+26=68

A : 210　　　B : 18.2　　　C : 8.4
D : 18.8　　　E : 8.7

よくわかる スピード 解法

□×5+26=68
　　□ ×5=68−26
　　　　□ =（68−26）÷5
　　　　□ =42÷5
　　　　□ =8.4

正解 C : 8.4

四則逆算　173

練習問題　計数　四則逆算

制限時間 **3分30秒**

▶正解 176 ページ

式中の□に入る数値として正しいものを選択肢の中から1つ選びなさい。

1 $320+$ □ $=530-(300-110)$

A：40　　　B：−190　　　C：130　　　D：20　　　E：60

2 $0.84÷$ □ $=0.6$

A：14　　　B：0.504　　　C：0.14　　　D：0.714　　　E：1.4

3 $(87-$ □ $)÷3=28$

A：1　　　B：6　　　C：3　　　D：8　　　E：10

4 $700の$ □ $\%=112$

A：63　　　B：16　　　C：24　　　D：6　　　E：46

5 $0.2×$ □ $=1.28÷0.16$

A：40　　　B：0.4　　　C：400　　　D：0.04　　　E：4

6 $24÷9=$ □ $×2$

A：6/5　　　B：3/4　　　C：3/2　　　D：4/3　　　E：5/4

7 $6÷16/6=$ □ $×$ □ （□には同じ値が入る）

A：0.4　　　B：1.5　　　C：1.2　　　D：1.8　　　E：0.9

8 □ $+0.3=3/5+1/2$

A：0.3　　　B：1.4　　　C：0.8　　　D：1.2　　　E：0.6

9 $4.2×5÷6=6×$ □ $÷1.2$

A：9/10　　　B：2/5　　　C：4/5　　　D：1/2　　　E：7/10

174　計数

10 $7/10+5/2= 8×\square$

    A : 0.4%　　B : 200%　　C : 40%　　D : 20%　　E : 4%

11 $9÷\square-6= 12$

    A : 2　　B : 0.5　　C : 0.2　　D : 5　　E : 20

12 $7/9-3/4= 1/6÷\square$

    A : 1/6　　B : 5/3　　C : 6　　D : 1/60　　E : 10

13 $3.4×5+ 70×\square = 80$

    A : 0.8　　B : 0.09　　C : 0.08　　D : 0.9　　E : 0.7

14 $1/9×\square ÷7 = 5÷9$

    A : 45　　B : 27　　C : 21　　D : 35　　E : 63

15 $0.6× (4.6+\square) = 12×0.25$

    A : 3/4　　B : 2/5　　C : 13/25　　D : 1/4　　E : 3/8

16 $\square ÷1.8= 8/9-1/2$

    A : 7/9　　B : 11/18　　C : 2/3　　D : 1/6　　E : 7/10

17 $30÷72= 2.5÷\square$

    A : 5　　B : 6　　C : 7　　D : 8　　E : 9

18 $0.9-1/4=1÷\square$

    A : 13/20　　B : 40/13　　C : 20/13　　D : 13/40　　E : 13/3

19 $8×88= 2× (\square ×21+\square)$ (□には同じ値が入る)

    A : 2　　B : 4　　C : 8　　D : 16　　E : 32

20 $5/3+1/2= 3× (\square -1) ÷18$

    A : 11　　B : 12　　C : 13　　D : 14　　E : 15

3章　玉手箱・C-GAB

四則逆算

解説　計数　四則逆算

1

$320 + \square = 530 - (300 - 110)$

$\quad\quad \square = 530 - (300 - 110) - 320$

$\quad\quad \square = 530 - 190 - 320$

$\quad\quad \square = 20$

※電卓で計算しやすいように、「530 −（300 − 110）− 320」は「530 − 300 + 110 − 320」と、かっこをはずしてから計算してもかまいません。

正解 D：20

2

$0.84 \div \square = 0.6$

$\quad\quad \square = 0.84 \div 0.6$

$\quad\quad \square = 1.4$

正解 E：1.4

3

$(87 - \square) \div 3 = 28$

$\quad\quad 87 - \square = 28 \times 3$

$\quad\quad\quad \square = 87 - (28 \times 3)$

$\quad\quad\quad \square = 87 - 84$

$\quad\quad\quad \square = 3$

正解 C：3

4

$700 \text{ の } \square \% = 112$

$\quad 700 \times \square \% = 112$

$\quad\quad \square \% = 112 \div 700$

$\quad\quad \square \% = 0.16$

$\quad\quad\quad \square = 0.16 \times 100$

$\quad\quad\quad \square = 16$

※ 0.16 を%にするには 100 を掛けます。

正解 B：16

5

$0.2 \times \square = 1.28 \div 0.16$

$\quad\quad \square = 1.28 \div 0.16 \div 0.2$

$\quad\quad \square = 40$

正解 A：40

6

$24 \div 9 = \square \times 2$

$\quad\quad \square = 24 \div 9 \div 2$

$\quad\quad \square = \dfrac{24}{9 \times 2}$

$\quad\quad \square = \dfrac{4}{3}$

※ 24 ÷ 9 は小数点で計算してしまうと割り切れず面倒なことになります。$\dfrac{24}{9}$ と分数にするのがコツです。

正解 D：4/3

176　計数

7

$6 ÷ 16/6 = \square × \square$

（□には同じ値が入る）

$\square × \square = \dfrac{6×6}{16}$

$\square × \square = \dfrac{6}{4} × \dfrac{6}{4}$　←同じ値の掛け算にする

$\square = \dfrac{\overset{3}{6}}{\underset{2}{4}}$

$\square = 1.5$

正解 B：1.5

8

$\square + 0.3 = 3/5 + 1/2$

$\square = \dfrac{3}{5} + \dfrac{1}{2} - 0.3$

$\square = 0.6 + 0.5 - 0.3$

$\square = 0.8$

※この設問では、選択肢が小数なので、分数を小数に直して計算するとよいでしょう。もちろん、以下のように先に分数で計算してから小数に直してもかまいません。

$\square + 0.3 = 3/5 + 1/2$

$\square = \dfrac{3}{5} + \dfrac{1}{2} - 0.3$

$\square = \dfrac{6}{10} + \dfrac{5}{10} - \dfrac{3}{10}$

$\square = \dfrac{8}{10}$

$\square = 0.8$

正解 C：0.8

9

$4.2 × 5 ÷ 6 = 6 × \square ÷ 1.2$

$\square = 4.2 × 5 ÷ 6 × 1.2 ÷ 6$

$\square = 0.7$

$\square = \dfrac{7}{10}$

※選択肢は分数なので、以下のように、はじめから分数で計算してもかまいません。

$4.2 × 5 ÷ 6 = 6 × \square ÷ 1.2$

$\square = 4.2 × 5 ÷ 6 × 1.2 ÷ 6$

$\square = \dfrac{42}{10} × 5 ÷ 6 × \dfrac{12}{10} ÷ 6$

$\square = \dfrac{\overset{7}{42} × 5 × \overset{1}{12}}{\underset{2}{10} × \underset{1}{6} × \underset{1}{10} × \underset{1}{6}}$

$\square = \dfrac{7}{10}$

正解 E：7/10

10

$7/10 + 5/2 = 8 × \square$

$\square = \left(\dfrac{7}{10} + \dfrac{5}{2} \right) ÷ 8$

$\square = (0.7 + 2.5) ÷ 8$

$\square = 3.2 ÷ 8$

$\square = 0.4$

$\square = 40\%$

※ $0.4 = 40\%$ です。間違えて「A：0.4%」を選ばないようにしましょう。

正解 C：40%

四則逆算　177

11

$9 \div \square - 6 = 12$

$9 \div \square = 12 + 6$

$\square = 9 \div (12 + 6)$

$\square = 9 \div 18$

$\square = 0.5$

正解 **B：0.5**

12

$7/9 - 3/4 = 1/6 \div \square$

$\square = \dfrac{1}{6} \div \left(\dfrac{7}{9} - \dfrac{3}{4} \right)$

$\square = \dfrac{1}{6} \div \left(\dfrac{28}{36} - \dfrac{27}{36} \right)$

$\square = \dfrac{1}{6} \div \dfrac{1}{36}$

$\square = \dfrac{1 \times \overset{6}{\cancel{36}}}{\cancel{6} \times 1}$

$\square = 6$

正解 **C：6**

13

$3.4 \times 5 + 70 \times \square = 80$

$70 \times \square = 80 - (3.4 \times 5)$

$\square = (80 - (3.4 \times 5)) \div 70$

$\square = (80 - 17) \div 70$

$\square = 63 \div 70$

$\square = 0.9$

正解 **D：0.9**

14

$1/9 \times \square \div 7 = 5 \div 9$

$\square = 5 \div 9 \times 7 \div \dfrac{1}{9}$

$\square = \dfrac{5 \times 7 \times \overset{1}{\cancel{9}}}{\cancel{9} \times 1}$

$\square = 35$

正解 **D：35**

15

$0.6 \times (4.6 + \square) = 12 \times 0.25$

$\square = 12 \times 0.25 \div 0.6 - 4.6$

$\square = 0.4$

$\square = \dfrac{2}{5}$

正解 **B：2/5**

16

$\square \div 1.8 = 8/9 - 1/2$

$\square = \left(\dfrac{8}{9} - \dfrac{1}{2} \right) \times 1.8$

$\square = \left(\dfrac{16}{18} - \dfrac{9}{18} \right) \times \dfrac{18}{10}$

$\square = \dfrac{7}{18} \times \dfrac{18}{10}$

$\square = \dfrac{7 \times \overset{1}{\cancel{18}}}{\cancel{18} \times 10}$

$\square = \dfrac{7}{10}$

正解 **E：7/10**

17

$$30 \div 72 = 2.5 \div \square$$

$$\square = 2.5 \div (30 \div 72)$$

$$\square = \frac{25}{10} \div \frac{30}{72}$$

$$\square = \frac{\overset{\scriptscriptstyle 1}{\cancel{25}} \times \overset{\scriptscriptstyle 12}{\cancel{72}}}{\underset{\scriptscriptstyle 1}{\cancel{10}} \times \underset{\scriptscriptstyle 1}{\cancel{30}}}$$

$$\square = 6$$

※選択肢は整数なので、最後には割り切れるのが明らかです。そこで、以下のように割り算が最後にくるよう計算順を工夫してもかまいません。

$$30 \div 72 = 2.5 \div \square$$

$$\square = 2.5 \div (30 \div 72)$$

$$\square = 2.5 \div 30 \times 72$$

$$\square = 2.5 \times 72 \div 30$$

$$\square = 6$$

正解 B：6

18

$$0.9 - 1/4 = 1 \div \square$$

$$\square = 1 \div \left(0.9 - \frac{1}{4}\right)$$

$$\square = 1 \div \left(\frac{18}{20} - \frac{5}{20}\right)$$

$$\square = 1 \div \frac{13}{20}$$

$$\square = \frac{1 \times 20}{13}$$

$$\square = \frac{20}{13}$$

正解 C：20/13

19

$$8 \times 88 = 2 \times (\square \times 21 + \square)$$

（□には同じ値が入る）

$$\square \times 21 + \square = 8 \times 88 \div 2$$

$$(\square \times 21) + (\square \times 1) = 352$$

$$\square \times (21 + 1) = 352$$

$$\square \times 22 = 352$$

$$\square = 352 \div 22$$

$$\square = 16$$

※「□×21 ＋□」の「後ろの□」は「□×1」と考えましょう。そうすれば、上記のように□をひとつにまとめられます。

正解 D：16

20

$$5/3 + 1/2 = 3 \times (\square - 1) \div 18$$

$$\square - 1 = \left(\frac{5}{3} + \frac{1}{2}\right) \times 18 \div 3$$

$$\square = \left(\left(\frac{5}{3} + \frac{1}{2}\right) \times 18 \div 3\right) + 1$$

$$\square = \left(\left(\frac{10}{6} + \frac{3}{6}\right) \times 18 \div 3\right) + 1$$

$$\square = \left(\frac{13}{6} \times 18 \div 3\right) + 1$$

$$\square = \left(\frac{13 \times \overset{\scriptscriptstyle 1}{\cancel{18}}}{\underset{\scriptscriptstyle 1}{\cancel{6}} \times \underset{\scriptscriptstyle 1}{\cancel{3}}}\right) + 1$$

$$\square = 13 + 1$$

$$\square = 14$$

正解 D：14

2 計数 図表読取

※C-GABでも出題されます。

正解へのカギ

● 図表を見ながら問題に答える

● 自宅で受けるときは電卓とメモ用紙を用意、テストセンターは筆算

▶ 図表を見ながら問題に答える

玉手箱の図表読取では、図表を使って読み取りや計算をする問題が、制限時間15分で29問出題されます。

▶ 画面ごとに図表が変わる

表示される図表は1画面につき1つで、次の問題に進むと、また別の図表が表示されます。先に進んでいくうちに、同じ図表に関する設問が何度か出題されることがあります。ただし、連続して同じ図表に関する設問が出題されることは通常ありません。

▶ 自宅受検は電卓とメモ用紙を用意、テストセンターは筆算

自宅で玉手箱の図表読取を受けるときには、計算に電卓が使用できますので、必ず用意しましょう。あらかじめ、電卓の使い方にも、ある程度慣れておくとよいでしょう。いくつかの計算結果を比較するような問題も出題されますので、メモ用意と筆記用具も忘れずに用意しておきましょう。

テストセンターで玉手箱（C-GAB）の図表読取を受けるときには、電卓が使えません。筆算で答えを求めていくことになります。玉手箱の図表読取を筆算で解く練習をしておくとよいでしょう。

例題 グラフ・表を見て、次の問いに答えなさい。

1カ月に家族と外食を9回した者の数は、7回した者の数のおよそ何倍か。最も近いものを以下の選択肢の中から1つ選びなさい。

A：0.43倍　B：0.56倍
C：0.90倍　D：1.23倍
E：1.80倍

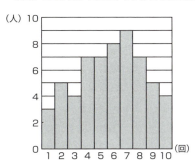

【1カ月に家族と外食をした回数】
※10回の欄には10回以上外食をした者も含む。また、0回の者は今回のグラフからは外した。

よくわかるスピード解法

1カ月に家族と外食を9回した者の数（5人）を、7回した者の数（9人）で割り、何倍なのかを求めます。

選択肢は小数点以下第2位なので、小数点以下第3位を四捨五入します。

5÷9＝0.555…≒0.56（倍）

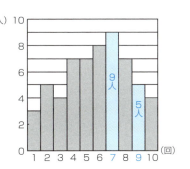

正解 B：0.56倍

計数　図表読取

グラフ・表を見て、次の問いに答えなさい。

1 7月におけるアンテナ施設1局あたりの携帯電話の平均契約数はおよそいくつか。最も近いものを以下の選択肢の中から1つ選びなさい。

【J地区の携帯電話の累計契約数とアンテナ施設数の増加】

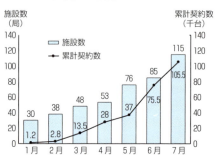

A：800台　B：900台　C：1,000台　D：1,200台　E：1,400台

2 1カ月に家族と外食を7回した者の数を x とすると、6回した者の数はおよそどのように表されるか。最も近いものを以下の選択肢の中から1つ選びなさい。

【1カ月に家族と外食をした回数】
※ 10回の欄には10回以上外食をした者も含む。また、0回の者は今回のグラフからは外した。

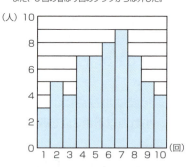

A：$0.87x$　B：$0.88x$　C：$0.89x$　D：$1.12x$　E：$1.13x$

3 Z地区の自動車の販売価格が、Y地区よりも20％安かった場合、Y地区とZ地区の売り上げの合計が最も少ないのはどの週か。以下の選択肢の中から1つ選びなさい。

【H自動車　営業成績（販売台数）】（単位：台）

	Y地区	Z地区
第1週	980	1,260
第2週	1,040	644
第3週	614	992
第4週	1,504	1,050
第5週	974	1,642

A：第1週　　B：第2週　　C：第3週　　D：第4週　　E：第5週

4 1月から7月にかけて携帯電話のアンテナ施設数はおよそ何倍に増加したか。最も近いものを以下の選択肢の中から1つ選びなさい。

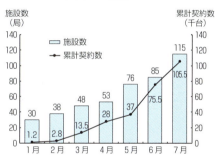

【J地区の携帯電話の累計契約数とアンテナ施設数の増加】

A：3倍　　B：4倍　　C：5倍　　D：6倍　　E：7倍

5 D国において、ガソリン1リットルの価格はおよそ何ドルか。以下の選択肢の中から1つ選びなさい。

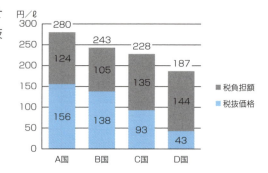
【各国のガソリン価格の比較（1ドル＝108円で換算）】

A：0.58ドル　　B：0.98ドル　　C：1.50ドル
D：1.73ドル　　E：2.11ドル

6 1年前と比較して、豚肉が「少し高くなった」と感じている人の割合を x とおくと、牛肉が「少し高くなった」と感じている人の割合は、およそどのように表すことができるか。以下の選択肢の中から1つ選びなさい。

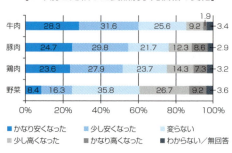
【1年前と比較した食品別小売価格の変化】

A：$0.63x$　　B：$0.68x$　　C：$0.75x$　　D：$0.79x$　　E：$0.82x$

7 次の記述のうち、グラフを正しく説明しているものはいくつあるか。以下の選択肢の中から1つ選びなさい。

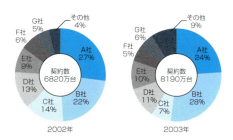

【携帯電話機の契約数の事業者別シェア】

・F社の2003年の契約数は、前年に比べて増加している。
・B社は、2002年、2003年ともに契約数のシェアで2位である。
・前年に比べて、2003年のシェアが増加しているのはB社のみである。
・2003年の契約数の総数は、2002年のおよそ1.8倍である。

A：0　　B：1つ　　C：2つ　　D：3つ　　E：4つ

---

8 2005年におけるB国の人口はおよそ何万人か。以下の選択肢の中から1つ選びなさい。

【流通産業の国際比較（2005年）】

	A国	B国	C国	D国
小売店数（千店）	429	531	1,825	374
人口1万人当たりの小売店数（店）	63	87	150	59
卸売店1店当たりの小売店数（店）	2.3	2.4	3.7	2.6
商業国内所得／国内所得（%）	8.1	9.2	14.6	12.9

A：5,500万人　　B：5,800万人　　C：6,100万人
D：6,400万人　　E：6,700万人

9 駅改札内商店の「飲料」の年間販売額が、グラフの前年と比べて、9.7％減少したとすると、前年の「飲料」の年間販売額はおよそ何億円か。以下の選択肢の中から1つ選びなさい。

【駅改札内商店の品目別年間販売額の割合(％)】

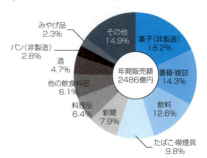

A：330億円　　　B：350億円　　　C：370億円
D：390億円　　　E：410億円

---

10 2003年において、男性パートタイム労働者のうち製造業に占める割合は、女性パートタイム労働者のうちの製造業に占める割合と比べて、およそ何ポイント高いか。以下の選択肢の中から1つ選びなさい。

【A国における産業別パートタイム労働者数】（単位：千人）

	合計	農業・漁業	電気・ガス・水道業	製造業	建築業	サービス産業
2000年	4,552	68	13	416	182	3,873
2001年	4,685	59	15	427	168	4,016
2002年	4,810	62	16	424	173	4,135
2003年	4,885	64	14	432	179	4,196
男	1,012	28	4	169	82	729
女	3,873	36	10	263	97	3,467

A：9.0ポイント　　B：9.3ポイント　　C：9.6ポイント
D：9.9ポイント　　E：10.2ポイント

解説　計数　図表読取

1　7月の平均契約数を求めるには、7月の契約数105.5千台を、7月の施設数115局で割ります。

105.5÷115＝0.9173…≒0.917（千台）

0.917千台とは、917台のことです。選択肢で最も近いのは「B：900台」です。

正解 B：900台

2　「xとすると」という一見難しそうな表現ですが、考え方は、例題で求めた「何倍」と同じです。まず、1カ月に家族と外食を6回した者の数8人を、7回した者の数9人で割ります。ここまでは「何倍」の求め方と同じです。

この後で、答えにxを掛ければ「xとすると」の答えが分かります。

8÷9＝0.888…≒0.89

0.89×x＝0.89x

正解 C：0.89x

3　Y地区の販売価格をx円とすると、Z地区の販売価格はY地区よりも20%安いので0.8x円です。販売価格のx円は不明なので、簡単にすませるために1円と仮定しましょう。すると、ある週のY地区とZ地区の売り上げの合計は「Y地区の販売台数＋（Z地区の販売台数×0.8）」で求められます。各週の売り上げの合計を計算して、最も少ない週を選びます。

電卓を使うときには、売り上げの合計の式は、順番を入れ替えて「（Z地区の販売台数×0.8）＋Y地区の販売台数」とすると、計算しやすいでしょう。

	Z地区の販売台数	0.8	Y地区の販売台数		売り上げの合計
第1週の合計	（1260 × 0.8）	+	980	=	1988
第2週の合計	（ 644 × 0.8）	+	1040	=	1555.2
第3週の合計	（ 992 × 0.8）	+	614	=	1407.6
第4週の合計	（1050 × 0.8）	+	1504	=	2344
第5週の合計	（1642 × 0.8）	+	974	=	2287.6

最も少ないのは第3週です。

正解 C：第3週

4　何倍に増加したかを求めるには、7月の施設数115局を、1月の施設数30局で割ります。

　　115÷30＝3.8…≒4(倍)

正解 B：4倍

5　D国のガソリン1リットルの価格は、表から187円です。これを108円（1ドル＝108円）で割って、ドルに換算します。

　　187÷108＝1.731…≒1.73(ドル)

正解 D：1.73ドル

6　考え方は **2** と同じなのですが、設問文が多少込み入っているので気をつけましょう。xとおく方の割合で、もう一方の割合を割り算して、その答えにxを掛け算するのです。

　　xとおく方の割合は、豚肉が「少し高くなった」と感じている人の割合12.3％で、もう一方の割合は牛肉が「少し高くなった」と感じている人の割合9.2％です。つまり、9.2÷12.3という割り算になります。

　　9.2÷12.3＝0.747…≒0.75

　　$0.75×x=0.75x$

正解 C：$0.75x$

7　4つの記述について、正しいかどうか1つずつ検討します。

○**F社の2003年の契約数は、前年に比べて増加している。**
　F社の契約数は「契約数×F社の割合」で求められます。2002年と2003年について計算します。

　　　2002年　6820×0.06＝409.2（万台）

　　　2003年　8190×0.05＝409.5（万台）

　2003年の方が多いので、増加しているといえます。正しい記述です。

✕**B社は、2002年、2003年ともに契約数のシェアで2位である。**
　B社は、2002年にはシェア2位ですが、2003年にはシェア1位です。誤った記述です。

✕**前年に比べて、2003年のシェアが増加しているのはB社のみである。**
　B社以外にも、E社は9％から10％、G社は5％から6％と、シェアが増加しています。誤った記述です。

✕**2003年の契約数の総数は、2002年のおよそ1.8倍である。**
　2003年の契約数を、2002年の契約数で割ると、以下のように約1.2倍です。誤った記述です。

　　　8190÷6820＝1.20…≒1.2（倍）

　正しいものがいくつあるのかを考える問題は、解くのに時間がかかります。時間を使いすぎて、他の問題を解く時間が足りなくならないように気をつけましょう。

正解 B：1つ

図表読取　189

8   表に「人口1万人当たりの小売店数」という項目があることに着目します。これは、人口1万人につき、小売店がいくつあるかを表すものです。つまり、B国の小売店数531千店を、人口1万人当たりの小売店数87店で割れば、人口が何万人なのか求めることができるのです。

531,000÷87＝6,103.4…≒6,100（万人）

正解 **C：6,100万人**

---

9   まず、年間販売額2,486億円に、飲料の割合12.6％を掛けて、今年の飲料の年間販売額を求めます。

2,486×0.126＝313.236（億円）

今年は前年よりも9.7％減少しているので、前年の飲料の年間販売額を x とすると、

「$x×$（1−0.097）＝313.236」（前年の販売額×前年に対する今年の割合＝今年の販売額）の式が成り立ちます。この式を解いて x を求めれば答えが分かります。

$x×$（1−0.097）＝313.236

x＝313.236÷0.903

x＝346.8… ➡ 約350（億円）

正解 **B：350億円**

10　製造業に占める割合を求めるには、製造業の人数を、合計人数で割ります。
2003年の男性と女性について、それぞれ計算します。

2003年男性　169÷1012＝0.1669…≒0.167 ➡ 16.7（％）

2003年女性　263÷3873＝0.0679…≒0.068 ➡ 6.8（％）

次に「男性－女性」で男性が何ポイント高いかを求めます。

16.7－6.8＝9.9（ポイント）

正解 **D：9.9ポイント**

3章

玉手箱・Ｃ−ＧＡＢ

3 計数　欠落表

正解へのカギ

- 表から法則性の仮説を立てる → その法則性の仮説が正しいかを検証する → 空欄のある列に法則性を当てはめて、答えを導く

- 表のすべての項目を使うわけではない

- 空欄のある列と近い数値の列を見つけると、法則性を推測しやすい

▶ 表の空欄に当てはまる数値を推測する

玉手箱の欠落表では、画面上に「1カ所空欄がある表」が表示され、表の空欄に当てはまる数値を推測します。制限時間20分で20問出題されます。1問あたり1分で解かなければ、全問回答はできません。

▶ 解くための手がかりを表からすばやく見つけ出そう

玉手箱の欠落表を解くために特別な公式を覚える必要はありませんし、表に書いていない情報も必要ありません。解くために必要な情報はすべて表に書かれています。以下のような手順で解きましょう。

| 手順① | 表から法則性の仮説を立てる |

↓

| 手順② | その法則性の仮説が正しいかを検証する |

↓

| 手順③ | 空欄のある列に法則性を当てはめて、答えを導く |

空欄のある列と近い数値の列を見つけると、法則性を推測しやすくなります。なお、表のすべての項目を使うとは限りません。例えば、表には4項目あるけれども、解くために使うのは2項目だけということもあります。解くための手がかりとなる項目をすばやく見つけ出すことが重要です。

例題 楽団で地域ごとの前売り券販売枚数の集計を行っています。

【 前売り券販売枚数 】

	地域 01	地域 02	地域 03	地域 04
後援会の会員数　（人）	131,789	267,569	355,055	297,822
前売り券販売枚数(枚)	790,734	1,605,414	2,130,330	?

地域04の前売り券販売枚数は何枚と推測できるか？

A：1,786,932枚　　　B：2,098,788枚　　　C：2,324,140枚

D：2,667,612枚　　　E：2,871,432枚

3章

玉手箱・C-GAB

よくわかる スピード 解法

　表は「後援会の会員数」と「前売り券販売枚数」の2項目だけですから、この2項目に何らかの法則性があるはずです。試しに地域01について、「前売り券販売枚数÷後援会の会員数」を求めてみます。

　　790,734(枚)÷131,789(人)＝6(倍)

　計算結果から、**「前売り券販売枚数」**は**「後援会の会員数」**の6倍だと推測できます。確認のため地域02も同様に計算すると、やはり6倍です。

	地域 01	地域 02	地域 03	地域 04
後援会の会員数　（人）	6倍↓ 131,789	6倍↓ 267,569	355,055	6倍↓ 297,822
前売り券販売枚数(枚)	790,734	1,605,414	2,130,330	?

　ここから、地域04にも同じく「後援会の会員数」の6倍が「前売り券販売枚数」という法則性があるものと推測できます。

　　297,822(人)×6(倍)＝1,786,932(枚)

正解 A：1,786,932枚

欠落表　193

| 練習問題 | 計数　欠落表 | 制限時間 6分00秒 |

▶正解 197 ページ

次の問いに答えなさい。

1 β市で投票日の降水確率と投票率について調査を行っています。

【β市　降水確率と投票率】

年度	2000	2001	2002	2003	2004	2005
降水確率　（％）	80	30	10	75	50	20
最高気温　（℃）	25	25	25	26	24	25
最低気温　（℃）	20	20	21	21	19	20
投票率　（％）	15	35	45	20	25	?

2005年度のβ市の投票率は何％と推測できるか？

A：20%　　**B**：25%　　**C**：30%　　**D**：35%　　**E**：40%

---

2 α食品で来月のテレビCMに関する会議を行っています。

【CM会議】

	製品01	製品02	製品03	製品04	製品05	製品06
定価　　　　（円）	500	600	700	500	600	700
CM回数　（回/日）	5	5	5	10	10	10
CM秒数　　（秒）	15	15	15	30	30	30
先月売上高（万円）	5,120	5,980	6,960	5,640	?	7,640

製品05の先月売上高はいくらと推測できるか？

A：4,640万円　　　　**B**：5,640万円　　　　**C**：6,640万円

D：7,640万円　　　　**E**：8,640万円

3 α食品で毎月1回体育館を借りて社内交流会を開いています。

【社内交流会の参加料】

	1月	2月	3月	4月	5月
参加人数　　（人）	72	80	70	60	64
参加料　　（円/人）	356	320	366	427	?

5月の1人当たりの参加料はいくらと推測できるか？

A：365円　　　　B：370円　　　　C：400円

D：428円　　　　E：500円

- -

4 α食品で新人研修の受講を検討しています。

【新人研修の受講料金表】

	セミナー01	セミナー02	セミナー03	セミナー04	セミナー05	セミナー06
教本　　　（冊）	1	3	1	3	1	3
ビデオ　　（本）	1	2	2	0	0	1
講義数　　（回）	12	3	24	6	12	6
総受講時間（時間）	24	6	24	6	24	6
受講料　　（円）	108,000	50,000	118,000	30,000	98,000	?

セミナー06の受講料はいくらと推測できるか？

A：28,000円　　　　B：30,000円　　　　C：40,000円

D：50,000円　　　　E：68,000円

5 英会話スクールで回数券の価格を検討しています。

【英会話スクールの回数券一覧】

		5回券	10回券	30回券	70回券	100回券
価格	(円)	18,500	35,000	99,000	217,000	?
入会金	(円)	9,000	8,700	8,200	8,000	7,000
有効期限		半年間	1年間	1年間	2年間	2年間

100回券の価格はいくらと推測できるか？

A：250,000円　　　**B**：270,000円　　　**C**：290,000円

D：310,000円　　　**E**：330,000円

---

6 美術展で来場者数が多かったので、入場制限をしました。

【美術展の来場者数】

時間		11時	12時	13時	14時	15時
その時点で並んでいた人	(人)	140	150	190	270	?
新たに来た人	(人)	140	170	210	120	–

15時の時点で並んでいるのは何人だと推測できるか？

A：160人　　**B**：210人　　**C**：260人　　**D**：310人　　**E**：360人

解説 **計数　欠落表**

1　問題文には「β市で投票日の<u>降水確率と投票率</u>について調査を行っています」と書かれており、問われているのも「投票率」です。「最高気温」と「最低気温」は表中にあるものの、問題文では一切触れられておらず、投票率とは関係がないと推測できます。実際に数値を検討しても、「最高気温」と「最低気温」は投票率とは関係ありません。

　この設問のように、どの項目が答えを導く上で関係があるかは説明文や表のタイトルに明示されていることもあるので、注意して読みましょう。

　さて、**降水確率と投票率の関連性を考えればよい**ことが分かりましたので、数値を見ていきましょう。空欄のある列と近い数値の列を見つけると、法則性を推測しやすくなります。2005年度の降水確率20%に近いのは、2001年度と2002年度です。

　2001年度　　降水確率が30%で、投票率が35%

　2002年度　　降水確率が10%で、投票率が45%

「降水確率が下がるほど、投票率が上がる」 という法則が読み取れます。

> 2005年度の降水確率20%は、2001年度と2002年度の降水確率の間の数値

【β市　降水確率と投票率】

年度	2000	2001	2002	2003	2004	2005
降水確率　(%)	80	㉚	⑩	75	50	⑳
最高気温　(℃)	25	25	25	26	24	25
最低気温　(℃)	20	20	21	21	19	20
投票率　　(%)	15	㉟	㊺	20	25	?

> 降水確率が間の数値なので、投票率も2001年度と2002年度の間の数値と推測できる

　2005年度の降水確率は20%なので、2001年度と2002年度の降水確率の間の数値です。投票率も2001年度と2002年度の間の数値だと推測できます。
　選択肢のうち、2001年度の35%より大きく、2002年度の45%より小さいのは、「E：40%」だけです。

正解 E：40%

欠落表　197

2 　製品01〜03は、CM回数とCM秒数が同じで、定価が500円、600円、700円と上がっています。製品04〜06もCM回数とCM秒数が同じで、定価が500円、600円、700円と上がっています。

　製品01〜03は、定価が上がるにつれて先月売上高が上がっていることから、製品04〜06も同じく、**定価が上がるにつれて先月売上高が上がる**ことが推測できます。

製品05の定価600円は、製品04と06の定価の間の金額

製品04〜06はCM回数・CM秒数が同じ

【CM会議】

	製品01	製品02	製品03	製品04	製品05	製品06
定価　　　　(円)	500	600	700	500	600	700
CM回数　(回/日)	5	5	5	10	10	10
CM秒数　　(秒)	15	15	15	30	30	30
先月売上高　(万円)	5,120	5,980	6,960	5,640	?	7,640

定価が間なので、売上高も製品04と06の定価の間の金額だと推測できる

　製品05の定価は、製品04と06の間なので、先月売上高も、製品04と06の間になると推測できます。選択肢のうち、製品04の先月売上高5,640万円より高く、製品06の先月売上高7,640万円より安い金額は、「C：6,640万円」だけです。

正解 C：6,640万円

3 　参加人数が多い月ほど、参加料が安いことから、「体育館の使用料は一定で、割り勘で参加料が決まっている」と推測できます。

　そこで、**「参加人数×参加料」で体育館の使用料が算出できる**と仮定して、体育館の使用料を求めてみます。ここでは、数値のキリがよい2月の参加人数と参加料を使います。

$$\underset{\text{2月の参加人数}}{80\,(人)} \quad \times \quad \underset{\text{2月の参加料}}{320\,(円/人)} = \quad \underset{\text{体育館の使用料}}{25,600\,(円)}$$

念のため、1月の参加人数と参加料から体育館の使用料を求め、確認します。

$$\underset{\text{1月の参加人数}}{72\,(人)} \quad \times \quad \underset{\text{1月の参加料}}{356\,(円/人)} = \quad \underset{\text{体育館の使用料}}{25,632\,(円)}$$

下2桁が食い違いますが、これは体育館の使用料を参加人数で割った際に、割り切れなかったので四捨五入した金額を参加料としたためと考えられます。よって、体育館の使用料は25,600円だと分かります。

最後に、体育館の使用料25,600円を5月の参加人数で割って、5月の参加料を求めます。

$$\underset{\text{体育館の使用料}}{25,600\,(円)} \quad \div \quad \underset{\text{5月の参加人数}}{64\,(人)} \quad = \quad \underset{\text{5月の参加料}}{400\,(円/人)}$$

【社内交流会の参加料】

	1月	2月	3月	4月	5月
参加人数 （人）	72	80	70	60	64
参加料 （円/人）	356	320	366	427	？

80（人）×320（円/人）＝25,600（円）
これが体育館の使用料

25,600（円）÷64（人）＝400（円/人）
これが5月の参加料

正解 C：400円

4　セミナー04と06は、それぞれビデオの本数が1本違うだけで、その他の条件（教本の冊数・講義数・総受講時間）は同じです。ゆえに、**ビデオの価格が分かれば、セミナー06の受講料が分かります。**

ビデオの価格を求めるには、同じくビデオの本数が1本違うだけで、その他の条件が同じセミナー01と05を使います。セミナー01の受講料から、セミナー05の受講料を引けば、ビデオ1本の価格が分かります。

108,000（円）－98,000（円）＝10,000（円）

セミナー04の受講料に、ビデオ1本の代金10,000円を足して、セミナー06の受講料を求めます。

30,000（円）＋10,000（円）＝40,000（円）

> セミナー04とセミナー06では、ビデオの本数が1本違うだけで、その他の条件はすべて同じ

【新人研修の受講料金表】

		セミナー01	セミナー02	セミナー03	セミナー04	セミナー05	セミナー06
教本	（冊）	1	3	1	3	1	3
ビデオ	（本）	1	2	2	0	0	1
講義数	（回）	12	3	24	6	12	6
総受講時間	（時間）	24	6	24	6	24	6
受講料	（円）	108,000	50,000	118,000	30,000	98,000	?

> セミナー01とセミナー05では、受講料が1万円異なるので、ビデオの価格は1本1万円であることが分かる

正解 C：40,000円

5　求めるのは「100回券」の「価格」なので、手がかりとなるのは、各回数券の回数と価格の関係です。「価格÷回数」で1回当たりの価格を求めてみると、3,700円、3,500円、3,300円、3,100円と200円ずつ安くなっています。よって、100回券の1回当たりの価格は、2,900円だと推測できます。

【英会話スクールの回数券一覧】

		5回券	10回券	30回券	70回券	100回券
価格	（円）	18,500	35,000	99,000	217,000	?
入会金	（円）	9,000	8,700	8,200	8,000	7,000
有効期限		半年間	1年間	1年間	2年間	2年間

1回当たり	18,500÷5 =3,700	35,000÷10 =3,500	99,000÷30 =3,300	217,000÷70 =3,100	?÷100 =2,900と推測
	-200	-200	-200	-200	

　100回券の1回当たりの価格2,900円に100回分を掛け算して、価格を求めます。

　2,900（円）×100（回）＝290,000（円）

正解 C：290,000円

6 来場者数が多くて入場制限を行ったということから、**入場できる人数に法則性がありそう**だと推測できます。

1時間につき、どれだけの人数が入場したのかを、ある時間の「その時点で並んでいた人」と「新たに来た人」の合計から、次の時間の「その時点で並んでいた人」を引くことで求めてみます。

すると、**いずれの時間も、1時間につき130人が入場している**ことが分かります。

【美術展の来場者数】

時間	11時	12時	13時	14時	15時
その時点で並んでいた人　（人）①	140	150	190	270	?
新たに来た人　（人）②	140	170	210	120	−

①＋②−次の時間の①＝1時間の入場者数

140+140−150=130

190+210−270=130

150+170−190=130

270+120−?=130

ここから、15時の「その時点で並んでいた人」は、14時の「その時点で並んでいた人」と「新たに来た人」の合計から、130人を引けばよいことが分かります。

270（人）＋120（人）−130（人）＝260（人）

正解 C：260人

3章 玉手箱・C−GAB

欠落表 201

4 言語 論理正誤

※C-GABでも出題されます。

正解へのカギ

● 設問の根拠が本文にあるかどうか見る

● 常識や自分の意見で判断してはいけない

▶ 長文を読んで、設問が論理的に正しいかを判定する

玉手箱の言語の論理正誤は、500〜1200字程度の長文を読み、その長文に対しての設問文が論理的に正しいかどうかを判定するテストです。長文は全部で9つあり、1つの長文につき4問ずつ、計36問が出題されます。制限時間は15分です。

▶ 正誤は「正しい」「間違っている」「判断できない」の3つで判定

設問文は、次の3つの選択肢で判定します。

A：本文の論理から考えて正しい。

設問文が明らかに正しいといえる根拠が本文にある場合、**A**を選択します。

B：本文の論理から考えて間違っている。

設問文が明らかに間違っているといえる根拠が本文にある場合、**B**を選択します。

C：本文からだけでは論理的に判断できない。

設問文が正しいといえる根拠も、間違っているといえる根拠もない場合、**C**を選択します。

▶ 設問の根拠が本文にあるかどうか見る

玉手箱の言語の論理正誤は与えられた文章をもとに、設問について論理的に正誤を判断できるかどうかを見るテストです。解くときは、本文に根拠があるかどうかを見てください。

202　言語

▶ 常識や自分の意見で判断してはいけない

　玉手箱の言語の論理正誤では、常識や自分の意見で判断してはいけません。極端な例ですが、「酒を飲めば150歳まで長生きができる」という内容の文に「酒を飲んでも長生きはできない」という設問が出たとします。常識で考えれば、この設問は正しいといえます。しかし、本文の論理は「酒を飲めば長生きができる」なので、「酒を飲んでも長生きはできない」は間違い（「B」が正解）です。

例題　それぞれの設問文が、A〜Cのいずれであるかを選びなさい。

　人はあっちを見て、こっちを知る。なにやら判じ物みたいな話だが、人間の脳の玄妙な自己認識の仕組みを解くカギなのだという。自分以外の存在（対象）を見据えることで、わが身（主体）の置かれた位置や境遇を現実感をもって悟ることができるらしい。

　光学的に上下や左右が逆さまに映るめがねをかけ続けていても、しばらくすると、まともな像が見えるようになる。網膜には逆さまの像が結ばれても、脳がそれを自動的に修正するようになるからだ。この柔軟でしなやかな仕組みで、彼我の差や自他の別を知り、おのが立場を自覚する。

　じっと相手を凝視しなくとも、軽く一瞥（いちべつ）をくれるだけで、位置関係を正確に認識できるのも脳の特徴という。白熱のサッカーW杯で、しばしば感嘆させられる精妙なセンタリングも、舌を巻くスルーパスも、ピッチの中の自分と味方と相手選手の位置関係を、瞬時に察知する軟らかな脳のたまものだ。（後略）

[日本経済新聞「春秋」2002.6.17より抜粋]

A：本文の論理から考えて正しい。
B：本文の論理から考えて間違っている。
C：本文からだけでは論理的に判断できない。

1　脳が位置関係を認識する能力は、訓練によって高めることができる。
　　A　　　　B　　　　C

論理正誤　203

2 自分自身を見つめることが、自己認識においては最も重要である。

    A   B   C

3 自分とは対照的な対象を見据えた方が、自らの位置や境遇をよりよく知ることができる。

    A   B   C

4 たとえ見据える対象を逆さまに捉えたり、あるいは一瞥するだけでも、脳はそれらの対象を認識することができる。

    A   B   C

よくわかる スピード 解法

1 　脳が位置関係を認識する能力が訓練によって高めることができるかどうかは、本文中に述べられていません。

> **正解 C：本文からだけでは論理的に判断できない。**

2 　「人はあっちを見て、こっちを知る。なにやら判じ物みたいな話だが、人間の脳の玄妙な自己認識の仕組みを解くカギなのだという。**自分以外の存在（対象）を見据えることで、わが身（主体）の置かれた位置や境遇を現実感をもって悟ることができるらしい**」と本文中に設問とは違う記述があります。

> **正解 B：本文の論理から考えて間違っている。**

3 　「**自分以外の存在（対象）を見据えることで、わが身（主体）の置かれた位置や境遇を現実感をもって悟ることができるらしい**」とありますが、その対象が「対照的」かどうかは述べられていません。

> **正解 C：本文からだけでは論理的に判断できない。**

4 　「**光学的に上下や左右が逆さまに映るめがねをかけ続けていても、**しばらくすると、まともな像が見えるようになる」、そして「じっと相手を凝視しなくとも、**軽く一瞥（いちべつ）をくれるだけで、位置関係を正確に認識できるのも脳の特徴という**」と本文中にあります。

> **正解 A：本文の論理から考えて正しい。**

論理正誤　205

練習問題 言語 論理正誤

制限時間 **3分00秒**

▶正解208ページ

【1】それぞれの設問文が、A～Cのいずれであるかを選びなさい。

（前略）山でも水辺でも、里でも街でも、微妙に色合いを違えて、重なり合う新緑は、日本的風景の代表といえる。ただ、かつては暮らしのすぐそばで、人の心を柔らかく受け止めてきたその豊かな緑が今、危機にある。乱開発は一服したが、放置された森は荒れ、ささやぶと化し、ごみ捨て場に。

何もしなければ、日本の緑は確実にやせていく。緑の番人をふやして、山や湿地や草原の荒廃をくい止め、あわよくば失われた緑を回復しようという試みが、ようやく始まった。環境省は、地域住民のパワーや専門的な知識を、国立公園などの保全に役立てる「グリーンワーカー」を昨年から採用しはじめた。

国立公園、国定公園、県立の自然公園などを合わせると、国土の14％にもなるから、この戦力は貴重だ。和歌山県や三重県は政府に働きかけて、健全な美林を残す森林作業への就労を促す「緑の雇用支援」制度をもうけた。棚田の保全など、グリーン雇用の拡大は地域の活力につながる。

[日本経済新聞「春秋」2002.4.29 より抜粋]

A：本文の論理から考えて正しい。
B：本文の論理から考えて間違っている。
C：本文からだけでは論理的に判断できない。

1 「グリーンワーカー」を採用しなくても、日本の自然はこのまま維持できる。
　　A　　　　B　　　　C

2 国立公園、国定公園、県立の自然公園などを合計すると、国土の7分の1近くにものぼる。
　　A　　　　B　　　　C

3 乱開発は少なくなったものの、ごみの違法投棄は年々増えつづけている。
　　A　　　　B　　　　C

4 雇用拡大のためにも、自然保護事業は期待される。
　　A　　　　B　　　　C

【2】それぞれの設問文が、A～Cのいずれであるかを選びなさい。

　話し合いの最中に、相手の話を聞いていて「それは間違っている」と思ったら、どうしたらいいか。小学生に尋ねられたら、多くの人は「自分が正しいと思ったら、黙っていないで自分の意見を堂々と言いなさい」と答えるだろう。間違いを黙って許してはいけないという気概は小さいころから養われるべきだ。そうした気概は社会を改善することにつながるからだ。

　ところが、ビジネスでは、こうした気概が仕事の障害になることがある。経験の浅い若手社員は特に気をつけた方がよい。会議で誰かの間違いを正面から指摘したり、自分の意見を強く主張して、その後がやりづらくなるような例はたくさんある。それは会社が、年代も違えば立場も違う人の集まりだからだ。その中では、意見を主張したい自分よりも、意見を聞かされる相手を考慮しなければならない。立場をわきまえて黙っていろというのではない。意見を言う目的は正しいと思うことを実現することだ。人に不快感を与えても持論を貫きたいというのは独善だし、そもそもの目的が達成できない可能性がある。

　間違っていると思う意見をその場でたださなければ問題があるときを除き、いったんは相手の意見を腹におさめてはどうか。後日、折を見て、相手の意見を熟慮したが、それでもやはり自分の考えを述べた方がよいと思った、という姿勢で再度話し合ってみる。多少は時間がかかるかもしれない。しかし、正面からぶつかってしこりを残すよりも、こちらの方が相手を動かすことができるし、自分の思うような方向に持っていきやすいのではないか。

A：本文の論理から考えて正しい。
B：本文の論理から考えて間違っている。
C：本文からだけでは論理的に判断できない。

1 ビジネスで契約の成立に持ち込むコツは、決して相手に不快感を与えないことだ。
　　A　　　　　B　　　　　C

2 自分の言いたいことを強く主張することは、正しいと思うことを実現させるための支障になる可能性がある。
　　A　　　　　B　　　　　C

3 相手の立場を考慮できる人になるよう、小さいころから間違いを許さない気概を養うべきだ。
　　A　　　　　B　　　　　C

4 立場をわきまえて意見を言わないのは、誰かの間違いを正面から指摘するよりも悪い。
　　A　　　　　B　　　　　C

解説 言語 論理正誤

【1】

1 「何もしなければ、日本の緑は確実にやせていく。緑の番人をふやして、山や湿地や草原の荒廃をくい止め、あわよくば失われた緑を回復しようという試みが、ようやく始まった。環境省は、地域住民のパワーや専門的な知識を、国立公園などの保全に役立てる『グリーンワーカー』を昨年から採用しはじめた」と本文中に設問とは違う記述があります。

正解 B：本文の論理から考えて間違っている。

---

2 「国立公園、国定公園、県立の自然公園などを合わせると、国土の14%にもなるから、この戦力は貴重だ」と本文中にあります。

正解 A：本文の論理から考えて正しい。

---

3 本文には述べられていないことが、この設問に書かれています。

正解 C：本文からだけでは論理的に判断できない。

---

4 「和歌山県や三重県は政府に働きかけて、健全な美林を残す森林作業への就労を促す『緑の雇用支援』制度をもうけた。棚田の保全など、グリーン雇用の拡大は地域の活力につながる」と本文中にあります。

正解 A：本文の論理から考えて正しい。

【2】

1 本文では、「契約の成立に持ち込むコツ」については記述がありません。

正解 C：本文からだけでは論理的に判断できない。

----

2 「意見を言う目的は正しいと思うことを実現することだ。人に不快感を与えても持論を貫きたいというのは独善だし、そもそもの目的が達成できない可能性がある」とあります。この「人に不快感を与えても持論を貫きたい」の具体的な例が「会議で誰かの間違いを正面から指摘したり、自分の意見を強く主張」です。

正解 A：本文の論理から考えて正しい。

----

3 「間違いを黙って許してはいけないという気概は小さいころから養われるべきだ」とありますが、その理由は「社会を改善すること」であり、相手の立場を考慮することではありません。

正解 B：本文の論理から考えて間違っている。

----

4 「立場をわきまえて黙っていろというのではない」とあります。しかし、これと「誰かの間違いを正面から指摘する」を比較した記述はありません。

正解 C：本文からだけでは論理的に判断できない。

5 言語 趣旨判定

正解へのカギ

● 設問中にAとCが必ず1つ以上ある

● タイトルには必ず目を通そう

▶ 長文を読み、設問が長文の趣旨であるかを判定する

玉手箱の趣旨判定は、500～600字程度の長文を読み、設問が長文の趣旨であるかどうかを判定するテストです。長文は全部で8つあり、1つの長文につき4問ずつ、計32問が出題されます。制限時間は10分です。

▶ 「趣旨」「述べているが趣旨ではない」「本文とは関係ない」の3つで判定

設問文は、次の3つの選択肢で判定します。

A：本文の趣旨（筆者が最も訴えたいこと）が述べられている。

設問文が長文の趣旨と合致する場合、Aを選択します。

B：筆者が本文で述べていることだが、趣旨ではない。

設問文が長文に書かれていることと合致するが、趣旨ではない場合、Bを選択します。

C：述べられていることは、本文とは関係ない。

設問文にある内容が、長文には書かれていない場合、Cを選択します。

▶ 設問中にAとCが必ず1つ以上ある

問題文には「設問文には、AとCにあてはまるものがいずれも1つ以上含まれています。」と書かれています。正解にAとCがそれぞれ1つもない長文はありません。問題を解くときは注意しましょう。

210　言語

▶ タイトルには必ず目を通そう

　玉手箱の趣旨判定では、就職活動をテーマにした長文が多く出題されます。就活生にアドバイスを提示するものが多く、専門知識を要する話や、難しい用語は出てきません。ほとんどの長文には、冒頭にタイトルが付いています。趣旨を反映したタイトルが多いので、必ず目を通すようにしましょう。

例題 それぞれの設問文が、A～Cのいずれであるかを選びなさい。ただし、設問文には、AとCにあてはまるものがいずれも1つ以上含まれています。

先輩の話を聞く

　意中の企業で実際に働いている先輩に会って話を聞かせてもらう。先輩が男性ならこれを「OB訪問」といい、女性なら「OG訪問」という。OB（OG）にしてみれば、貴重な時間を割いて学生に話をしたところで一文の得にもならないことも多い。それでも、母校の後輩だからと親身になってくれる。訪ねてくる学生と学科や部活が同じだと、よりいっそうの親近感をもつ人も多い。こういう機会を無駄にしてはいけない。企業研究で生じた疑問やホームページに書いてあることの詳細など、なんでも聞いてみよう。誠意をもって尋ねれば、向こうも飾らない本音を答えてくれるはずだ。

　残念なことは、時折「企業の人間として就職志望の学生に説明をするのは当然」とでもいうような態度の学生が散見されることだ。OBはあくまでも厚意で時間を割くのだ。忙しいさなかに出かけていって、こちらの都合も考えない学生の相手をさせられるのではたまったものではない。一足先に社会に出た先輩として、ためになるアドバイスをぜひしてあげたいと相手に思わせることが大事だ。態度や話し方にはくれぐれも気をつけよう。

A：本文の趣旨（筆者が最も訴えたいこと）が述べられている。
B：筆者が本文で述べていることだが、趣旨ではない。
C：述べられていることは、本文とは関係ない。

1 母校が同じでも、学科や部活などが違うOBは率直に話してくれないことがある。

A   B   C

2 OBが就職志望の学生に説明をするのは当然とでもいうような態度の学生も存在する。

A   B   C

3 OBを訪問するときは、なんでも聞いてみる率直さと、態度や話し方の気づかいが大切だ。

A   B   C

4 OB訪問は、OB自身にとっては得にならないことが多い。

A   B   C

よくわかる スピード 解法

「先輩の話を聞く」というタイトルで、内容はOB訪問のことです。趣旨はOB訪問に際しての具体的なアドバイスで、第1段落の終わりにある「**なんでも聞いてみよう。誠意をもって尋ねれば、向こうも飾らない本音を答えてくれるはずだ**」と、末尾の「**態度や話し方にはくれぐれも気をつけよう**」です。

1 　本文に「母校の後輩だからと親身になってくれる。訪ねてくる学生と学科や部活が同じだと、よりいっそうの親近感をもつ人も多い」とありますが、学科や部活などが違えば率直に話してくれない、とは述べていません。

> **正解** C：述べられていることは、本文とは関係ない。

2 　本文に「残念なことは、時折『**企業の人間として就職志望の学生に説明をするのは当然**』とでもいうような態度の学生が散見される**ことだ」とあります。しかし、これは本文の趣旨ではありません。

> **正解** B：筆者が本文で述べていることだが、趣旨ではない。

3 　本文の趣旨と合致します。

> **正解** A：本文の趣旨（筆者が最も訴えたいこと）が述べられている。

4 　本文に「OB（OG）にしてみれば、貴重な時間を割いて学生に話をしたところで一文の得にもならないことも多い」とあります。しかし、これは本文の趣旨ではありません。

> **正解** B：筆者が本文で述べていることだが、趣旨ではない。

練習問題 言語 趣旨判定

制限時間 2分30秒

▶正解216ページ

【1】それぞれの設問文が、A～Cのいずれであるかを選びなさい。ただし、設問文には、AとCにあてはまるものがいずれも1つ以上含まれています。

自己紹介

　何の講談だったか、戦場で武士が名乗る場面があった。馬上から大声で自分の姓名や出身などを述べ立てる。これを「名乗り」というのだそうだ。名乗りの間は敵も攻撃をしかけない。自分の姓名や出身以外に、戦いに関する自分の主張なども述べることがあり、味方の士気を上げる呼びかけの役目もあったようだ。名乗りが武士の戦いにとってとても重要なものだったことがうかがえる。

　面接の自己紹介も名乗りの一種だ。そんなのは形式的なもので、大事なのは話の中身だと、高をくくってはいけない。自己紹介にはその人のすべてが表れるから、合否がその数十秒で決まってしまうこともある。その後のやりとりは単なる確認作業だ。

　だから、自己紹介に自信がなければとことん練習した方がよい。声が小さくて言っていることがよく聞き取れないようなのは論外だ。かといって、大声を張り上げるだけでも好印象にはつながらない。役者、アナウンサー、落語家…。さまざまな声のプロをお手本にやってみることだ。よく通る声でさわやかに自己紹介ができるようになれば、大成功だ。

A：本文の趣旨（筆者が最も訴えたいこと）が述べられている。
B：筆者が本文で述べていることだが、趣旨ではない。
C：述べられていることは、本文とは関係ない。

1 さわやかに自己紹介ができる人は、人間として成長できているといえる。
　　A　　　　B　　　　C

2 自己紹介にはその人のすべてが表れるので、自信がなければ練習すべきだ。
　　A　　　　B　　　　C

3 多くの企業が、面接時の自己紹介だけで合否を決めてしまう。
　　A　　　　B　　　　C

4 大声を張り上げるだけの自己紹介は好印象にはつながらない。
　　A　　　　B　　　　C

【2】それぞれの設問文が、A～Cのいずれであるかを選びなさい。ただし、設問文には、AとCにあてはまるものがいずれも1つ以上含まれています。

熱意をどう訴えるか

　就職活動には自己PRや志望動機がつきものだ。エントリーシートに書く場合もあれば、面接で話すこともあるだろう。アピールするときに欠かせないのが熱意だ。「この会社でぜひ働きたい」「この仕事に打ちこみたい」といういきごみを、多くの企業は求めている。

　では、どんな企業でも熱意が伝わりさえすればいいのか。そんなことはない。その企業の事情や体質を見定める必要がある。たとえば、技術力を核にした企業がある。特定の先端技術の研究を通して企業の発展につなげたい、そのために人を採用したい、というときには、まず専門知識や技術への理解度を知りたいと考えるのが自然だ。熱意はその次だ。

　逆に、応募者にはなによりも熱意を求める企業もある。大勢の営業担当者を抱え、他社に営業力で競り勝って業績を伸ばしているような企業では、熱意、いきごみが重視されることが多い。断られてもあきらめない、何度でも出直して売り込みをかけるような仕事は熱意がなくてはつとまらない。こうした企業に応募するときは、なにをおいても熱意をアピールするべきだ。

A：本文の趣旨（筆者が最も訴えたいこと）が述べられている。
B：筆者が本文で述べていることだが、趣旨ではない。
C：述べられていることは、本文とは関係ない。

1 営業系の企業で仕事をするときは、断られてもあきらめない熱意が必要だ。
　A　　　　B　　　　C

2 企業によっては、自己PRや志望動機で熱意を全くアピールしない方がよい場合もある。
　A　　　　B　　　　C

3 応募者になによりも熱意を求めるかどうかは企業によって違うので、見定めることが必要だ。
　A　　　　B　　　　C

4 理系の学生に限っては、技術職に応募するときに熱意ばかりをアピールすべきではない。
　A　　　　B　　　　C

解説　言語　趣旨判定

【1】「自己紹介」というタイトルの長文です。戦場で武士が名乗る「名乗り」の話から始まり、自己紹介にはその人のすべてが表れるという話が書かれています。趣旨は第3段落の「自己紹介に自信がなければとことん練習した方がよい」です。

1　本文の末尾に、「よく通る声でさわやかに自己紹介ができるようになれば、大成功だ」とありますが、人間として成長できているかどうかについては述べられていません。

> **正解** C：述べられていることは、本文とは関係ない。

2　「自己紹介にはその人のすべてが表れる」と本文にあります。また、「自信がなければ練習すべきだ」は、本文の趣旨と一致します。

> **正解** A：本文の趣旨（筆者が最も訴えたいこと）が述べられている。

3　本文に、「自己紹介にはその人のすべてが表れるから、合否がその数十秒で決まってしまうこともある」とありますが、そのようにして合否を決める企業が多いかどうかについては述べられていません。

> **正解** C：述べられていることは、本文とは関係ない。

4　「自己紹介に自信がなければとことん練習した方がよい。（中略）かといって、大声を張り上げるだけでも好印象にはつながらない」とあります。しかし、これは趣旨ではありません。

> **正解** B：筆者が本文で述べていることだが、趣旨ではない。

216　言語

【2】「熱意をどう訴えるか」というタイトルの長文です。自己アピールには熱意が欠かせないが、熱意を優先する度合いは企業によって変わるという話が書かれています。趣旨は第2段落の「どんな企業でも熱意が伝わりさえすればいいのか。そんなことはない。その企業の事情や体質を見定める必要がある」です。

1 「他社に営業力で競り勝って業績を伸ばしているような企業」では、「断られてもあきらめない、何度でも出直して売り込みをかけるような仕事は熱意がなくてはつとまらない」とあります。しかし、これは趣旨ではありません。

正解 B：筆者が本文で述べていることだが、趣旨ではない。

---

2 本文には「技術力を核にした企業」で「まず専門知識や技術への理解度を知りたいと考えるのが自然だ」とあり、続いて「熱意はその次だ」とあります。熱意を全くアピールしない方がよいとは述べられていません。

正解 C：述べられていることは、本文とは関係ない。

---

3 設問文は、本文の趣旨と合致します。

正解 A：本文の趣旨（筆者が最も訴えたいこと）が述べられている。

---

4 理系の学生については、本文に記述がありません。

正解 C：述べられていることは、本文とは関係ない。

趣旨判定 217

6 言語　趣旨選択

正解へのカギ

- **メモ用紙を手元に置いて、キーワードを書き記しておく**
- **自信がないときは消去法で解いていくのも手**

▶ 長文を読み、4つの選択肢から趣旨を1つ選ぶ

玉手箱の趣旨選択は、1000〜1500字程度の長文を読み、4つの選択肢から趣旨(筆者の訴えに最も近いもの)を1つ選ぶテストです。長文は全部で10あり、問題数は計10問です。制限時間は12分です。

▶ メモ用紙を手元に置いて、キーワードを書き記しておく

1問を約1分で解かなければならないので、長文をゆっくり読んでいる時間はありません。大まかに目を通し、趣旨に関係すると思った箇所や、キーワードになりそうな言葉が出てきたら、メモ書きしておきましょう。

▶ 自信がないときは消去法で解いていくのも手

玉手箱の趣旨選択では、さまざまなテーマの長文が出題されます。中には趣旨がはっきりしない長文で、選択肢も紛らわしいものが出題されることがあります。選択肢の中に本文と合致しない箇所を見つけて、消去法で解いていくのも手です。

218　言語

例題 次の文章を読み、筆者の訴えに最も近いものを選択肢の中から
1つ選びなさい。

「出世なんて窮屈なだけ。身動きが取れなくなる」

神奈川県の半導体メーカーに勤める重石稔（37）が昇進試験を受けるのをやめて2年になる。資格は同期で最低の主任クラスだ。長男とその下に三つ子がいる。「家族あっての仕事。男も二兎を追って、両立できるはず」。やっと開き直れるようになった。

高卒後に入社し、主に製造部門を歩んだ。受注の繁閑に応じて残業も進んでこなす「人並みの会社人間」だった。だが転機は三つ子が生まれた1998年に訪れた。近所で育児ノイローゼの母親による虐待死事件があり、妻を支えようと、思い切って3カ月の育児休業を取った。すると、会社との間に急にすきま風が吹き始めた。

「よそならクビ。うちはいいほうだよ」と人事部長は恩着せがましく言った。査定は前年の「C」から最低の「E」に落ちた。悔しさと焦りで転職も考えたが「組織のために生きるだけが会社員じゃない」と踏みとどまった。

いまは保育士の妻と家事や育児を分担する。会社では資材管理の仕事をこなしながら、家庭人として運動会や芋掘りなど小学校や保育園の行事のために、ためらわずに有給休暇を取る。「出世は『世に出る』と書くが、むしろ会社に引きこもる感じがする」。重石はこう実感するようになったという。

男女雇用機会均等法、育児・介護休業法…。この20年、働きやすい環境を整える制度が相次ぎ導入された。だが旧来の発想や世代間の意識の壁がせっかくの仕組みを空疎なものにし、働く喜びをそぐ。

「これがあなたの退職金額です」

2003年3月、都内の機械メーカー課長代理の岡本慶子（仮名、44）は突然、社長が示した通告文書に言葉を失った。20年勤務した末の退職勧奨だった。

1983年に入社、社長の秘書役やマーケティングなど何でもこなした。経験を積み、「業務の中核」にいるつもりだった。しかし新しい社長は役職女性を疎んじ、接待の調整程度の仕事しかくれない。「これが私の業務なんですか」。いたたまれずに抗議した。後から思えば、あれが退職勧奨の引き金だったのかもしれない。

いまでは考えられないような性的いやがらせ（セクシュアルハラスメント）にも表立って反発せず、うまくかわしてきた。会社への忠誠心が評価される風潮にも従い、独身を貫いた。成果主義の時代とは言っても、根幹は年功。「終身雇用で報われる」と信じていた。

だが、均等法の「男女平等」は会社という閉じた組織の中では建前に過ぎなかった。

3章

玉手箱・C‐GAB

趣旨選択 **219**

理不尽な退職勧奨に加えて、退職金の上乗せもない。即座に拒否したが、「業績次第でこの金額だって出せなくなるよ」と社長はにべもなかった。後日、係長への降格が待っていた。もし会社を去ったとしても、退職金は最初の提示額の半分以下になる。「本音も建前も飲み込んできたのに」。岡本の心には悔しさばかりが残る。

　厚生労働省などの調べでは「同期の男性と比べ昇進や給与で差がある」と答えた女性総合職は6割を超える。管理職に占める女性の割合は20代が2割超だが、30代は7.9％。結婚や育児による退社の影がちらつく。

　「均等法世代」が社会に出て20年。制度の浸透を強調する企業、多様な選択肢を求める働き手。手本のない模索は双方のズレをも浮き彫りにする。

[日本経済新聞社編／『働くということ』／日本経済新聞出版社]

A：セクシュアルハラスメントはいまだに存在し続けている。

B：出世や昇進が人生の目的とは限らない。

C：働きやすくする制度も、実際は古い世代の考えのために機能していないことが多い。

D：世の中には働きにくい会社が存在する。

よくわかる スピード 解法

　育児休業を取得した半導体メーカーの男性社員が社内での評価を下げられた話と、機械メーカーの女性管理職が退職勧奨された話が述べられています。ざっと目を通し、「出世」「すきま風」「働きやすい環境」など、趣旨をつかむ上で参考になりそうなキーワードのメモを取るとよいでしょう。本文の趣旨は17行目の「男女雇用機会均等法、育児・介護休業法…」で始まる箇所に書かれています。短くまとめると「**せっかく働きやすくするための制度を作っても、それを機能させない旧来の発想や世代間の意識の壁がある**」です。選択肢で最も近いものはCです。

　他の選択肢は、以下の通り本文の趣旨ではありません。

A：セクシュアルハラスメントはいまだに存在し続けている。

　本文の後半（機械メーカーの女性管理職の話）では、セクシュアルハラスメントについて記述がありますが、前半（育児休業を取得した半導体メーカーの男性社員の話）では述べられていません。

B：出世や昇進が人生の目的とは限らない。

　本文の前半の内容にかかわってきますが、後半の内容とはあまり一致しません。

D：世の中には働きにくい会社が存在する。

　本文の前半の会社も、後半の会社も、「働きにくい会社」といえます。しかし、そのことは筆者が最も訴えたいことではありません。

正解 C：働きやすくする制度も、実際は古い世代の考えのために機能していないことが多い。

趣旨選択　221

練習問題 言語 趣旨選択

制限時間 **3分30秒**

▶正解 228 ページ

1 次の文章を読み、筆者の訴えに最も近いものを選択肢の中から1つ選びなさい。

　老いてますます美しくなるというのは人類の永遠の夢です。そして、大変成立しにくい夢です。老いて心身が美しくなるというのは、全く逆のベクトルの力のはずです。

　しかし、老いてますます美しくなるという人はまれにいます。

　年を経るごとに周囲から「あの人はお化けだ。だって、赤いちゃんちゃんこを贈られて何年もたつのに、髪も黒々していて肌もつやつやじゃないか。あの人はお化けだよ。そうじゃなければ、ロボットかサイボーグかだ。若さと美しさを保つ秘密があるのかしら。すごい高価な美容化粧品かなにか使ってるのかしら。一度聞き出してみたいもんだね」と言われる人が私の知り合いにもいます。

　年を経るごとにますます美しくなるというのは、修養を積み、内面の魅力があふれ出た結果なのでしょうか。さまざまな経験をして、苦労を乗り越え、徳を積んだからこそ、年をとってからの美しさが表れるのでしょうか。

　寺にこもり、山野を駆け回り、山伏か仙人のような特殊な修行でもしたのでしょうか。

　実は、逆なのです。何かを積み重ねたからではなく、何かを得たからではなく、何かを上手に捨てることができた人が美しくなれるのです。

　生きていると、頭にくること、腹が立つこと、妬み、恨み、悲しみ、恐れ、悔しさ、見栄、驕り、そういったものがどんどん体の中に知らず知らずのうちに溜まってしまうのです。年をとればとるほど、こういう悪しき感情がどんどん溜まっていって、体の中で混ざって腐り、やがて毒素を発するようになるのです。これが「老醜」と呼ばれるものの正体なのです。

　そして、この不要なものをどんどん捨てていけば、毒素を発生させるものがなくなるわけですから、どんどん体の中だか心の中だかがすっきりとしていくのです。余計なものがないということは、赤ん坊と同じまっさらでまっ白な状態になるわけです。赤ん坊は何も持っていません。さまざまな経験をして、苦労を乗り越え、徳を積んだ赤ん坊なんているわけありません。でも、何にも持っていない赤ん坊は人を引きつけ魅了する天然の美しさと輝きを持っています。

222　言語

皆さんはインド医学とインド健康法の混ざったような「アユールベーダー」という ものをご存じでしょうか。筋肉をつけたり、健康食品やサプリメントで特別な栄 養を体に入れたりする西洋的な健康法とは異なります。体の中に溜まった毒素や老 廃物を排出することに主眼を置いているそうです。病気のときに体の毒素が排出さ れると、薬などを飲まなくても自然と健康な体に戻っていくそうです。

A：アユールベーダーこそが毒素排出の決め手だ。
B：人間が醜くなる原因は毒素である。
C：美しさは積み重ねた内面がにじみ出るものだ。
D：不必要なものを無くした人は老いても美しい。

2 次の文章を読み、筆者の訴えに最も近いものを選択肢の中から1つ選びなさい。

　実は私は無類の落語好きである。休みの日といえば寄席に行き、平日も「お客さんとこに打ち合わせに行ってきます。今日は5件のお客さんのところへ立て続けにお伺いするから、夜遅くまで帰んないですよ」と嘘を言っては、仕事をサボって寄席に駆け込んでいる。三遊亭圓生、三遊亭金馬、金原亭馬生と好きな落語家は数多くいるが、その中でも五代目古今亭志ん生は別格に好きだ。

　いつか見た志ん生の落語の一場面だが、「おまえんとこ夫婦は何でいっしょになったの」と聞かれて、女がもじもじとしばらくしていたあげく、「…だって…寒いんだもん」と答えるシーンが妙に頭に残っていて、時々ふっとしたときに思い出す。「ひでえなあ。夫は湯たんぽの代わりかよ」と思いつつ苦笑しながらも、夫婦の仲ってそんなもんかもなと感慨にひたることがある。

　志ん生の話では時々ものすごく長い間があった。言葉がスパッと切れて間ができるのだ。「おいおい、まさかこの人話を忘れちゃったんじゃないだろうね?」と聞いてるこっちがハラハラと心配になるほどの間であった。そうした間をあけてから、志ん生はいきなり素っ頓狂で面白いことを爆弾のように話し出すのだ。実に面白い落語であった。

　先月の休みに家のソファーでごろ寝をしながら、私は有名な人が書いた「プレゼンテーション・スキル」に関する本を読んでいたが、ある箇所を見てポンと膝を打った。

　「プレゼンテーションに重要だと考えられているのは、①話の内容の魅力、②話す人の魅力、③その時の状況の3つが考えられる。たいていの人は最初の2つを重要だと考えがちだが、本当に重要なのは『その時の状況』なのだ。例えば、ある男が年をとって、寿命がきて、病院のベッドに横たわっている。言葉を話す力もなくなっている。しかし、声にならない声を必死になって出そうとする。口だけはパクパクと必死になって動かしている。しかし、声にならないので、意味が枕元にいる家族の者に通じない。老人は必死の形相だ。どうしても伝えないといけない重要なことがあるのだ。医師がこれ以上話そうとすると命にかかわると注意しても、老人は聞き入れず口を動かし続ける。これほどまでに必死に伝えなければならないこととはなんだろうか。ひょっとして若い頃は財を築いていて、莫大な財産をどこかに隠しでもしているのだろうか。そのことを家族の者に伝え残そうとしてるのではないだろうか。これは聞く方も真剣に聞かなくては!　皆が息をつめて静かにし聞き耳を立てる。衣擦れの音さえさせないようにと、身動きもしないように真剣に老人の声

にならない声に耳を傾ける。財産が手に入る！　絶対聞いてやる！　そして、やっとのことで老人の声が聞き取れる。いまわの際についに聞き取ったその言葉とは、『…豚八屋の…カツ丼…大盛りが…食いたい…』」

　確かにこの状況なら人は真剣に聞き耳を立ててしまうだろう。内容だとか誰が話すとかは関係ないだろう。だから、プレゼンテーションの極意とは人が聞き耳を立てざるを得ない状況をつくることにある。

　志ん生の落語の長い長い間は、人の聞き耳を立てさせる独特のプレゼンテーションの方法なのだ。

A：志ん生の落語の特徴は話を忘れてしまったかのような独特の間にある。

B：話の内容だけでプレゼンテーションは決まるものではない。

C：話のコツは相手が聞くような状況を作り出すことだ。

D：その時の状況に応じて人は話を聞くものだ。

3 次の文章を読み、筆者の訴えに最も近いものを選択肢の中から1つ選びな
さい。

　私は趣味で社交ダンスを長年やっておりますが、社交ダンスの発表会が先日あり、
友人にチケットを買ってもらい、見に来ていただきました。友人の皆さんからお褒
めの言葉をあずかりまして、本当にうれしゅうございました。私などの社交ダンス
の技量はまだまだ未熟なのに、きっとお世辞が9割以上だったのでしょうけども、実
に上手に自然な感じで皆さんから褒めて頂けて、私は少女のように無邪気に喜んで
おりました。と同時に、「ああ、私はなんて幸せ者なんだろう。私には本当の友達が
こんなにもたくさんいる」と感じ入ったのです。

　友達とは「自分のことを本気で褒めてくれる人」のことだと思うのです。もしくは、
「自分のことを本気らしく褒めてくれる人」が友達だと思うのです。人という生き物
は、褒められたいから友達が欲しいのです。褒めてくれない友達なんて友達とは言
いません。

　「親バカ」という言葉がありますが、実は私は「親バカ」という言葉が大好きなの
です。いつも私はこう思ってるのです。「親が子を褒めなくて、一体どうするの。他
の誰が自分の子供を褒めてくれるの」

　褒められることは子供にとっては栄養を与えられているようなものなのです。で
すから、私は自分のことを「親バカ」と呼ばれても一向に気にしません。

　学校の先生の仕事は「教育」です。「教育」という言葉は「教え、育てる」となっ
ています。「教育」を「子供を注意して、子供に何かを教えて、子供に何かを練習さ
せることだ」と考え違いしている先生が非常に多いような気がします。やたらと、「あ
れをしちゃいけない！」と小言ばかり言ってる先生が本当に多いです。

　しかし、本当は違うのではないでしょうか。子供の良いところを見つけて褒めて
あげることこそ「教育」なのです。そうすれば、子供は自然と良い方向に育ちます。

　似たようなものには「批評」があります。ある批評家は「批評というものを何か
欠点を見つける技術と多くの人が勘違いしているけど、そうじゃないんだよ。本当
の批評とは対象の良いところを見つけて褒める技術のことなんだよ。そうやってそ
の対象を育てていく作業こそが本当の批評なんだし、それこそが批評本来の目的な
んだよ」とある対談で述べていました。

226　言語

A：短所を埋めることよりも長所を伸ばすことこそ大切だ。

B：批評は人を褒めることだ。

C：人を育てるには、褒めることこそ必要だ。

D：褒めることはまずは肯定することから始まり、応援することにつながる重要なものだ。

解説 言語 趣旨選択

1　老いてますます美しくなるのは成立しにくい夢だが、まれにそういう人がいる、という話が書かれています。本文の趣旨は15行目の「何かを積み重ねてきたからではなく」で始まる文に書かれています。短くまとめると、**「老いてますます美しくなる理由は、何かを積み重ねたのではなく、逆に何かを上手に捨てることができたからだ」**です。その主張を補強する例として「赤ん坊」と「アユールベーダー」が述べられています。選択肢で最も近いものはDです。

　他の選択肢は、以下の通り本文の趣旨ではありません。

A：アユールベーダーこそが毒素排出の決め手だ。
　アユールベーダーの話は、何かを上手に捨てることについて筆者の主張を補強する例にすぎません。

B：人間が醜くなる原因は毒素である。
　本文の17〜18行目に書かれている内容です。しかし、このことは筆者が最も訴えたいことではありません。

C：美しさは積み重ねた内面がにじみ出るものだ。
　本文では「何かを積み重ねたからではなく、何かを得たからではなく、何かを上手に捨てることができた人が美しくなれるのです」と、設問とは逆のことが述べられています。

正解 D：不必要なものを無くした人は老いても美しい。

2　前半では、古今亭志ん生の落語には「長い間」があったという話が述べられています。後半では、プレゼンテーション・スキルに関する本に「本当に重要なのは『その時の状況』なのだ」と書かれていたという話が述べられています。本文の趣旨は末尾から4行目の**「プレゼンテーションの極意とは人が聞き耳を立てざるを得ない状況をつくることにある」**です。選択肢で最も近いものはCです。

　他の選択肢は、以下の通り本文の趣旨ではありません。

A：志ん生の落語の特徴は話を忘れてしまったかのような独特の間にある。
　本文の前半ではそのことが書かれていますが、後半のプレゼンテーション・スキルの本の話には古今亭志ん生の落語は関係がありません。

228　言語

B：話の内容だけでプレゼンテーションは決まるものではない。

　本文の19〜21行目に書かれています。しかし、そのことは筆者が最も訴えたいことではありません。

D：その時の状況に応じて人は話を聞くものだ。

　本文の後半では臨終間際の老人の声に聞き耳を立てる話が述べられています。そして、末尾から5行目に「確かにこの状況なら人は真剣に聞き耳を立ててしまうだろう」とあります。しかし、これは筆者の主張の前提であり、趣旨そのものではありません。

正解 C：話のコツは相手が聞くような状況を作り出すことだ。

3　社交ダンスの発表会で友人に褒められたという話から始まり、親が子を褒めること、教師が生徒を褒めること、批評家が対象を褒めることの話が述べられています。本文の趣旨は末尾から7行目の**「子供の良いところを見つけて褒めてあげることこそ『教育』なのです。そうすれば、子供は自然と良い方向に育ちます」**です。選択肢で最も近いものはCです。

　他の選択肢は、以下の通り本文の趣旨ではありません。

A：短所を埋めることよりも長所を伸ばすことこそ大切だ。

　本文では、短所を埋めるという話も、長所を伸ばすという話も述べられていません。

B：批評は人を褒めることだ。

　本文の末尾から4行目に「本当の批評とは対象の良いところを見つけて褒める技術のことなんだよ」と書かれています。このことは趣旨につながる具体例の一部で、趣旨そのものではありません。

D：褒めることはまず肯定することから始まり、応援することにつながる重要なものだ。

　本文には「褒めることはまず肯定すること」に相当する内容も、「応援することにつながる」に相当する内容も書かれていません。

　どれが趣旨か迷ったときは、まず「本文に書いてあるかどうか」を検証し、書いていない選択肢を除外する消去法を使うのも手です。この問題の場合、AとDを除外します。残ったBとCのうち、どちらが本文全体に関係ありそうなことか、と考えるとよいでしょう。

正解 C：人を育てるには、褒めることこそ必要だ。

7 英語 論理正誤

正解へのカギ

- **設問形式や選択肢は言語の論理正誤と同じ**
- **先に設問文に目を通してから長文の内容をつかむ**

▶ 英語の長文を読み、設問が論理的に正しいかを判定する

玉手箱の英語の論理正誤は、英語の長文を読み、その長文に対しての英語の設問文が論理的に正しいかどうかを判定するテストです。長文は全部で8つあり、1つの長文につき3問ずつ、計24問が出題されます。制限時間は10分です。

▶ 設問形式や選択肢は言語の論理正誤と同じ

玉手箱の英語の論理正誤は、設問形式や選択肢が言語の論理正誤とほぼ同じです。以下の選択肢の意味は、あらかじめ頭に入れておきましょう。

A : The statement is patently TRUE or follows logically, given the information or opinions contained in the passage.

（本文の情報または意見から、設問文に書かれている内容は論理的に導けるか、明らかに正しい）→**本文の論理から考えて正しい**

B : The statement is patently UNTRUE or the opposite follows logically, given the information or opinions contained in the passage.

（本文の情報または意見から、設問文に書かれている内容は論理的に導くと本文と反対であるか、明らかに間違っている）→**本文の論理から考えて間違っている**

C : You CANNOT SAY whether the statement is true or untrue, or follows logically, without further information.

230　英語

（さらに情報がなければ、設問文に書かれている内容が正しいか間違っているか、または論理的に導けるかどうかは言うことができない）→**本文からだけでは論理的に判断できない**

▶ 先に設問文に目を通してから長文の内容をつかむ

1長文を1分半に満たない時間で解かなければいけないので、ゆっくり読んでいると、時間切れになるおそれがあります。先に設問文に目を通してから、長文の内容をつかむとよいでしょう。

例題 Read the text and choose the best description for each of the question that follow.

As the weather warms, many of the local woodland trees are starting to come into bloom. Most people are familiar with the species, like cherries and magnolias, that have big showy flowers. Quite a few species of trees, however, go totally unnoticed. This is because their flowers are so small and drab that people simply mistake them for leaves.

Plant flowers developed about 100 million years ago. The different parts of the flower are thought to have originally evolved from leaves that gradually took on specialized roles. The advantage of a flower is that the entire process of fertilization and seed development can be conducted right on the parent plant.

[Kevin Short ／ NATURE IN SHORT：Less noticed flowers of prolific keyaki tree are in full bloom ／ The Daily Yomiuri（デイリー読売）2010年4月8日／読売新聞社]

A：The statement is patently TRUE or follows logically, given the information or opinions contained in the passage.

B：The statement is patently UNTRUE or the opposite follows logically, given the information or opinions contained in the passage.

C：You CANNOT SAY whether the statement is true or untrue, or follows logically, without further information.

論理正誤 231

1 There are several species of trees that get little attention.
　A　　　　B　　　　C

2 Cherries and magnolias were developed by humans.
　A　　　　B　　　　C

3 The advantage of a flower is related to the parent plant.
　A　　　　B　　　　C

よくわかる スピード 解法

本文和訳

　気候が暖かくなるにつれ、各地の森林地帯の木々の多くが開花し始めます。たいていの人は、大きくて人目を引く花を持つサクラの木やモクレンのような種類に親しんでいます。しかしながら、かなりの種類の木々は全く注目されないままです。これは、その花たちがあまりにも小さくさえない色をしているので、単純に人々が葉と取り違えるからです。

　植物の花は約1億年前に発生しました。その花のさまざまな部位はもともと、徐々に特別な役割を帯びることになった葉から進化したと考えられています。花の有利な点は受精と種子の成長の全過程が親植物の元で行われることが可能なことです。

指示文の意味は以下の通りです。あらかじめ頭に入れておきましょう。

Read the text and choose the best description for each of the question that follow.
　（文章を読んで、後に続くそれぞれの設問文に最も適切な記述を選びなさい。）

---

1 There are several species of trees that get little attention.
　（あまり注目を集めない木々もあります。）

設問文に関連する内容は、本文の3～4行目にあります。

cherries and magnolias, that have big showy flowers. <u>Quite a few species of trees, however, go totally unnoticed.</u> This is because their flowers are

「Quite a few species of trees, however, go totally unnoticed.（しかしながら、かなりの種類の木々は全く注目されないままです）」は、設問文と同じことを述べています。

正解 A：The statement is patently TRUE or follows logically, given the information or opinions contained in the passage.

3章 玉手箱・C-GAB

論理正誤　233

2 Cherries and magnolias were developed by humans.
（サクラやモクレンは人間によって開発されました。）

設問文に関連する内容は、本文の3行目にあります。

to come into bloom. Most people are familiar with the species, like **cherries and magnolias, that have big showy flowers.** Quite a few species

この箇所を含む文全体の意味は「たいていの人は、大きくて人目を引く花を持つサクラの木やモクレンのような種類に親しんでいます」で、人間が開発したかどうかは書かれていません。また、本文にはここ以外に「cherries and magnolias」について具体的に述べた箇所はありません。

正解 C：You CANNOT SAY whether the statement is true or untrue, or follows logically, without further information.

3 The advantage of a flower is related to the parent plant.
（花の有利な点は親植物と関係があります。）

設問文に関連する内容は、本文の8〜10行目にあります。

gradually took on specialized roles. **The advantage of a flower is that the entire process of fertilization and seed development can be conducted right on the parent plant.**

この箇所を含む文の意味は「花の有利な点は受精と種子の成長の全過程が親植物の元で行われることが可能なことです」です。「花の有利な点は親植物と関係がある」といえます。

正解 A：The statement is patently TRUE or follows logically, given the information or opinions contained in the passage.

234　英語

練習問題 英語 論理正誤

Read the text and choose the best description for each of the question that follow.

　Contrary to a popular belief abroad, Tokyo is actually a city with plenty of greenery. Packed trains, road crossings flooded with people, and crammed buildings with wild and vivid neon signs are certainly part of city life. The hectic speed of life in the capital, however, is not without slow-paced and soul-healing exceptions. There are several spacious parks, and the streets are flanked by well maintained trees. Seen from a helicopter hovering above, one is surprised to witness the green colors filling the capital. Nowadays, with the advent of Internet services such as Google Earth, it has become easier to confirm for yourself that this is true.

［茂木健一郎／神宮の森、東京のオアシス／ MAINICHI WEEKLY（毎日ウィークリー）2010年2月13日号／毎日新聞社］

A : The statement is patently TRUE or follows logically, given the information or opinions contained in the passage.
B : The statement is patently UNTRUE or the opposite follows logically, given the information or opinions contained in the passage.
C : You CANNOT SAY whether the statement is true or untrue, or follows logically, without further information.

1 Packed trains don't exist in Tokyo.
　A　　B　　C

2 There is a popular belief abroad that Tokyo is a city with plenty of greenery.
　A　　B　　C

3 One of the "soul-healing exceptions" is the presence of spacious parks.
　A　　B　　C

解説　英語　論理正誤

本文和訳

　外国の通念に反して、実際のところ東京は緑の木々に富む都市です。満員電車、人であふれる交差点、派手なネオンサインとともに立ち並ぶビルは確かに都市生活の一部です。首都での生活のあわただしい速さには、しかしながら、ゆっくりとした、魂を癒す例外がない、というわけではありません。広々とした公園がいくつかあり、通りの両側にはよく手入れされた木々が並びます。上空をホバリングするヘリコプターから見ると、人は緑色が首都を満たしているのを目撃して驚きます。現代では、グーグル・アースのようなインターネット・サービスの到来によって、これが本当だと自分で確かめることが、より簡単になってきています。

1　設問文に関連する内容は、本文の2〜3行目にあります。

greenery. Packed trains, road crossings flooded with people, and crammed buildings with wild and vivid neon signs are certainly part of city life. The

　　この箇所を含む文の意味は「満員電車、人であふれる交差点、派手なネオンサインとともに立ち並ぶビルは確かに都市生活の一部です」です。「都市」は東京を指したものですから、満員電車は東京に存在するといえます。

正解 B：The statement is patently UNTRUE or the opposite follows logically, given the information or opinions contained in the passage.

236　英語

2 設問文に関連する内容は、本文の冒頭にあります。

Contrary to a popular belief abroad, Tokyo is actually a city with plenty of greenery. Packed trains, road crossings flooded with people, and crammed

この箇所を含む文の意味は「外国の通念に反して、実際のところ東京は緑の木々に富む都市です」です。「通念に反して」ですから、通念では東京は緑が乏しい、ということになります。

正解 B：The statement is patently UNTRUE or the opposite follows logically, given the information or opinions contained in the passage.

3 設問文に関連する内容は、本文の3〜5行目にあります。

buildings with wild and vivid neon signs are certainly part of city life. The hectic speed of life in the capital, however, is not without slow-paced and soul-healing exceptions. There are several spacious parks, and the streets are

この箇所を含む文の意味は「首都での生活のあわただしい速さには、しかしながら、ゆっくりとした、魂を癒す例外がない、というわけではありません」です。そして、その直後に「There are several spacious parks（広々とした公園がいくつかあり）」で始まる文があることから、これが「soul-healing exceptions」の具体例の1つであると分かります。

正解 A：The statement is patently TRUE or follows logically, given the information or opinions contained in the passage.

3章 玉手箱・C‐GAB

8 英語　長文読解

※C-GABでも出題されます。

正解へのカギ

- 選択肢の言葉を探す
- ざっと読んであたりをつけてから解こう

▶ 英語の長文を読み、英語の設問に答える

　玉手箱の英語の長文読解は、英語の長文を読み、英語の設問に答えるテストです。長文は全部で8つあり、1つの長文につき3問ずつ、計24問が出題されます。制限時間は10分です

▶ 選択肢の言葉を探す

　玉手箱の英語の長文読解は、専門用語などの難しい単語はあまり出てきません。その代わりに量がたくさん出ます。すばやく読んで、すばやく解かないと全問回答は難しいでしょう。

　問題の傾向としては、選択肢の言葉を本文から探す方法で解ける問題が多く出題されます。

▶ ざっと読んであたりをつけてから解こう

　中には、選択肢の言葉を探す方法が向かない問題もあります。例えば「これは何について書かれた文か」「本文に書かれている内容として正しいものはどれか」といった問題です。このような問題は、単純に言葉を探す方法では解けません。時間を無駄にしないために、最初に長文と設問をざっと読んで問題の種類にあたりをつけてから、解き始めるとよいでしょう。

例題 次の英文を読んで、設問の回答を選択肢の中から選びなさい。

'Wagashi' is best fresh!

It is always best to eat 'wagashi' fresh as refrigeration causes it to dry and harden. If it is going to be eaten within a day, keep it in a cool, dark place (although it may differ depending on the type of 'wagashi'). It can also be frozen in an airtight container. Just defrost at room temperature for about an hour when you're ready to eat. 'Wagashi' are not only a good accompaniment to Japanese green tea, but are also delicious with black tea or coffee.

[infoMapJapan.com/" 'Wagashi' is best fresh!"
(http://www.infomapjapan.com/hstore/201001-infospecial2.phtml)]

1 What is this text?

　A : how to make 'wagashi'

　B : how to drink Japanese green tea

　C : how to brew coffee

　D : how to use a microwave oven

　E : how to eat 'wagashi'

2 What is the best to eat 'wagashi'?

　A : dry it, then eat it

　B : eat it fresh

　C : harden it, then eat it

　D : eat it after one day

　E : leave it at room temperate for a while, then eat it

3 If you are going to eat 'wagashi' within a day, what should you do to keep it?

A : defrost it at room temperature

B : put it in an airtight container

C : put it in a cool, dark place

D : put it in a dry place

E : none of the above

よくわかる スピード 解法

本文和訳

和菓子は新鮮なうちが一番

　和菓子は常に新鮮なうちに食べるのが最適で、冷却すると乾いたり、固くなったりします。1日以内に食べるなら、涼しく、暗い場所（和菓子の種類によって違うかもしれませんが）で保存しましょう。密閉容器に入れて凍らせることもできます。食べるときは1時間ほど室温に置いて解凍するだけです。和菓子は日本茶によく合うだけでなく、紅茶やコーヒーと一緒に食べてもおいしいです。

1　What is this text?　（これは何の文ですか？）

　本文は、和菓子は新鮮なうちに食べましょうという話から始まり、和菓子の保存方法と、食べるときの飲み物のことが述べられています。いずれも和菓子の食べ方といえます。

正解 E：how to eat 'wagashi'（"和菓子"の食べ方）

2　What is the best to eat 'wagashi'?
　（"和菓子"を食べるのに最適なのは何ですか？）

　It is always best to eat 'wagashi' fresh as refrigeration causes it to dry and harden. If it is going to be eaten within a day, keep it in a cool, dark

　冒頭の文は「和菓子は常に新鮮なうちに食べるのが最適で、冷却すると乾いたり、固くなったりします」という意味です。Bの「eat it fresh（新鮮なうちに食べる）」が、本文と同じことを述べています。

正解 B：eat it fresh（新鮮なうちに食べる）

3 If you are going to eat 'wagashi' within a day, what should you do to keep it?
（和菓子を1日以内に食べようとするとき、どのように保存すべきですか？）

「1日以内に食べようとするとき」の保存方法についての設問です。
設問文の「within a day」で本文を探します。

and harden. If it is going to be eaten within a day, keep it in a cool, dark
place (although it may differ depending on the type of 'wagashi'). It can
also be frozen in an airtight container. Just defrost at room temperature

　本文の2行目に「within a day」があります。同じ文の後ろの方に「keep it in a cool, dark place（涼しく、暗い場所で保存）」とあり、Cの「put it in a cool, dark place（涼しく、暗い場所に置く）」が、本文と同じことを述べています。
　なお、Eの「none of the above」の意味は、「上のどれでもない」という意味です。

　正解 C：put it in a cool, dark place（涼しく、暗い場所に置く）

242　英語

練習問題　英語　長文読解

制限時間 1分15秒

▶正解 245 ページ

次の英文を読んで、設問の回答を選択肢の中から選びなさい。

Itsukushima Shinto Shrine (World Heritage Site)

Constructed in the 6th century, this shrine consists of 37 buildings connected by a 300 m corridor. Since ancient times, people have considered the island itself as a god, as a most sacred place. The shrine is still the focus of the island today and has lost none of its mysterious aura.

It is a unique construction, with the area under the sea regarded as part of the shrine, and there is a completely different atmosphere at high tide and low tide. Conservation work at sea is very difficult; however, the shrine looks almost the same as it did 800 years ago.

[日本政府観光局（JNTO）／ "Itsukushima Shinto Shrine (World Heritage Site)"
(http://www.jnto.go.jp/eng/arrange/attractions/g_route/golden_08.html)]

1 When was Itsukushima Shinto Shrine constructed?

A : in the 6th century

B : in the 8th century

C : in the 13th century

D : in the 15th century

E : in the 17th century

2 Itsukushima Shinto Shrine is a unique construction, because...

A : it was constructed in about 2,000 years ago

B : conservation work is very difficult

C : it has a long corridor

D : the area under the sea regarded as part of the shrine

E : it has been designated as a World Heritage Site

長文読解　243

3 Which of the following is true concerning Itsukushima Shinto Shrine?

A : It has lost its mysterious aura

B : It looks much as it might have 800 years ago

C : It is completely underwater at any time

D : It consists of 300 buildings

E : Other than the shrine, there is no sacred place on this island

解説　英語　長文読解

本文和訳

厳島神社（世界遺産）

　6世紀に建設されたこの神社は300メートルの回廊でつながった37の建物で成り立っています。古代以来、人々はこの島自体を神として、最も神聖な場所として考えてきました。神社は今日いまだにこの島の中心であり、なぞめいたオーラを全く失っていません。

　それ（神社）は他に類を見ない建造物で、海中の領域も神社の一部と見なされ、そしてそこでは満潮時と干潮時では全く異なる雰囲気を持っています。海上での保存活動は非常に困難です。しかしながら、神社は800年前とほとんど同じように見えます。

1　「Itsukushima Shinto Shrine（厳島神社）」が建設された時期の設問です。設問文の「constructed」で本文を探します。

<u>Constructed</u> in the **6th century**, this shrine consists of 37 buildings connected by a 300 m corridor. Since ancient times, people have considered

　本文の冒頭に「constructed」とあり、後ろに「6th century（6世紀）」とあります。

正解 A：in the 6th century（6世紀）

長文読解　245

2 設問文の「because」から、本文には「unique construction（他に類を見ない建造物）」である原因が述べられていると推測できます。

設問文の「unique construction」で本文を探します。

> It is a <u>unique construction</u>, with **the area under the sea regarded as part of the shrine**, and there is a completely different atmosphere at high tide and

本文の5行目に「unique construction」とあり、同じ文の後ろの方に「the area under the sea regarded as part of the shrine（海中の領域も神社の一部と見なされます）」とあります。これは、Dと一致します。

正解 D： the area under the sea regarded as part of the shrine
（海中の領域も神社の一部と見なされます）

3 「本文にそのように書いてあるか」どうか、選択肢を1つずつ見ていきます。

A： It has lost its mysterious aura（それはなぞめいたオーラを失いました）

> connected by a 300 m corridor. Since ancient times, people have considered the island itself as a god, as a most sacred place. The shrine is still the focus of the island today and <u>has lost none of its mysterious aura.</u>

本文の4行目に「has lost none of its mysterious aura（なぞめいたオーラを全く失っていません）」とあります。この選択肢は間違いです。

B： It looks much as it might have 800 years ago（800年前と見た目がほとんど同じです）

246　英語

low tide. Conservation work at sea is very difficult; however, the shrine looks almost the same as it did 800 years ago.

本文の7～8行目に「the shrine looks almost the same as it did 800 years ago（神社は800年前とほとんど同じように見えます）」とあります。表現は違いますが、ほぼ同じことを述べています。

Cの「It is completely underwater at any time（いつでも完全に水中にあります）」、Dの「It consists of 300 buildings（300の建物で成り立っています）」、Eの「Other than the shrine, there is no sacred place on this island（神社以外には、この島で神聖な場所はありません）」はいずれも本文には書かれていません。

正解 B：It looks much as it might have 800 years ago
（800年前と見た目がほとんど同じです）

その他の採用テスト
❷内田クレペリン検査

　内田クレペリン検査は、1桁の数字の足し算を繰り返した結果から、一般的な能力、および性格・行動面の特徴を測定する心理テストです。

　足し算は1分間行い、試験監督の指示で行をかえます。これを前後半各15回繰り返します。実際に計算作業をさせ、その作業量や作業状態の推移から計測をするという手法が好まれ、運輸・製造業や官公庁などで広く使われています。

●内田クレペリンの検査用紙（例）

```
先→ 4 8 3 7 6 5 7 3 9 4 3 9 7 3 4 9 6 4 5 8 6 9
   2 1 0 3 3 1 2 5 2 0 2 3 3 7 2 6 0 7 3 5 9 0 3 8 4 6 5
   3 7 6 5 7 4 3 8 5 9 6 4 7 8 3 6 7 3 6 5 8 9
   0 3 1 2 1 7 1 3 4 5 0 1 5
   7 5 4 6 3 8 5 9 6 4 7 8 3 6 7 6 3 6 5 4 9 6
   3 9 4 3 9 7 3 4 9 6 4 5 8 6 9 3 9 4 3 9 7 5
   8 3 7 6 5 7 3 9 4 3 9 7 2 3 8 5 9 6 4 6 4 7
   3 7 6 5 7 4 3 8 5 9 6 4 7 8 3 6 7 3 6 5 8 9
   7 5 9 6 4 7 8 9 6 4 7 2 3 8 5 6 3 5 3 6 5 9
   3 6 8 5 7 9 4 7 5 8 6 7 3 9 5 8 6 3 4 5 7 4
```

※実際の用紙に記載されている数字は、上の図とは異なります。

●作業のさまざまな面が測定される

　行内で最後に計算した箇所を線で結んでいくと、折れ線グラフのような曲線（作業曲線）になります。診断は、この作業曲線の類型から行われます。また、作業量の多少という形で「どれだけのスピードで計算ができるのか」、さらに誤答（どれだけ計算をまちがったか）についてもチェックが行われます。作業のさまざまな面が測定されるテストです。

●具体的な対策やヒントは以下の書籍で

・『就職適性試験　内田クレペリン検査　完全理解マニュアル』（つちや書店）
・『この業界・企業でこの「採用テスト」が使われている！』（洋泉社）

4章

Web-CAB

Web-CAB【概要】

　Web-CABは、コンピューター職の採用を目的として開発された採用テストです。IT業界やコンピューター職（SE職）でよく実施されます。特殊な問題が多いために、準備せずに受検すると高得点はまず望めません。

●Web-CABの構成

科目	内容	問題数	時間
四則逆算	一次方程式。問題数が多い ※玉手箱の「四則逆算」と同じ	50問	9分
法則性	図形の変化から法則性を読み取る	30問	12分
命令表	命令記号に基づいて、図形を変化させる	36問	15分
暗号解読	図形などの変化から暗号を読み取る	30問	16分
性格適性 検査(OPQ)	性格を30の尺度で測定	68問	約20分
		計　約72分	

※四則逆算は玉手箱の四則逆算（172ページ）をご参照ください。

■Web-CABの受検画面

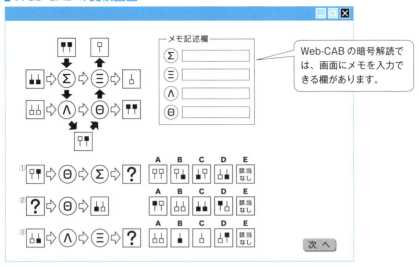

暗号解読は、玉手箱と一緒に実施されることがある

　Web-CABの暗号解読は、玉手箱シリーズと組み合わせて使われることがあります。

　Web-CABは、「IT系の企業でだけ出る、特殊なテスト」と思われがちです。もちろん、IT系の企業、特にSEなどのコンピューター職を志望する人は、このテストは避けて通れません。しかし、Web-CABの暗号解読の問題は、IT系以外の企業でも幅広く使用されているのです。少なくともWeb-CABの暗号解読だけは、対策をしておきましょう。

テストセンターでWeb-CABを受ける「C-CAB(シーキャブ)」

　Web-CABのテストセンター版が「C-CAB(シーキャブ)」です。C-CABの科目や内容は、Web-CABと同じです。

1 法則性

正解へのカギ

- **1つのマスに図形の動きを書いていく**
- **「補助線」となる記号や単語を書き加える**
- **複数の法則性で働くものや、1マス空けながら働く法則性もある**

▶ 図形の変化の法則性を見つける

Web-CABの法則性では、図形が一定の法則で変化していく過程が5つのマスに表されています。5つのマスのうち、1つは空欄です。図形の変化の法則性を見抜いて、空欄に当てはまる図形を選択肢から選びます。

制限時間12分で30問が出題されます。

▶ よく出題される法則性は移動、回転、増減、黒白など

よく出題される法則性としては、以下のものがあります。

移動…図形の一部がマスの四隅を順に移動、左上と右下を交互に移動など

回転…図形自体が45度、90度など一定の角度で回転する

増減…線の数が1本ずつ増減、図形の角の数が1つずつ増減など

黒白…図形の一部塗りつぶしの黒白が、交互や1回おきなどに変わる

法則性は1問につき1つだけとは限りません。複数の法則性で働くものや、1マス空けながら働く法則性もあります。

例題 図形群の法則性を見抜き、欠けている1個を選択肢から選んで、図形群の法則性を完成させなさい。

よくわかる スピード 解法

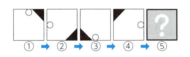 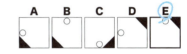

【法則1】

 黒い三角形は、マスの四隅を時計回りに移動しています。

【法則2】

 白い丸は、マスの辺の真ん中を、反時計回りに移動しています。

この例題では、「?」の位置が右端なので、図形群の左から右に見ていきます。

考える際は、自分で用意したメモ用紙に1つマスを書いて、線の動きを順に書き入れていくと分かりやすいでしょう。

正解 E

| 練習問題 | 法則性 | 制限時間 3分30秒 |

▶正解 256 ページ

図形群の法則性を見抜き、欠けている1個を選択肢から選んで、図形群の法則性を完成させなさい。

1

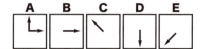

2

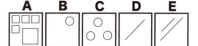

3

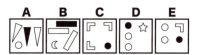

4

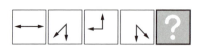
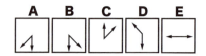

5

6

7

 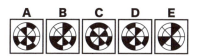

8

9

解説 法則性

1

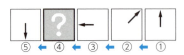
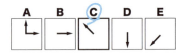

【法則】

①③⑤の矢印は、反時計回りに90度ずつ回転しています。

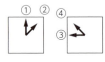
①から②、③から④へ矢印は、時計回りに45度ずつ回転しています。

「？」の位置が左寄りのときは、右から左へ向かって法則性を探した方が、すばやく正解にたどり着けます。また、この問題では①〜⑤を通して見ると法則性がつかみづらいので、1マスずつ飛ばして、奇数のマス同士、偶数のマス同士で検討するとよいでしょう。すると、上記のような法則性があることが分かります。

※判明した法則性を①から⑤まで続けてみると、矢印は「時計回りに45度回転・時計回りに225度回転」を交互に繰り返していることが分かります。

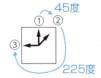
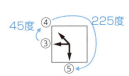

正解 C

2

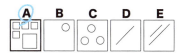

【法則】

図形を構成する線の本数が、2本→3本→4本→5本→6本と1本ずつ増えていきます。

正解 A

3

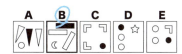

【法則】

前のマスで1つだったものが、次のマスで3つに増え、しかも3つのうち1つは黒くなります。

直前のマスでは四角形が1つあるので、「?」のマスでは四角形が3つに増え、しかも3つの四角形のうち1つは黒くなるのです。

正解 B

4

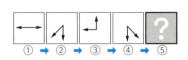 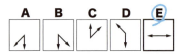

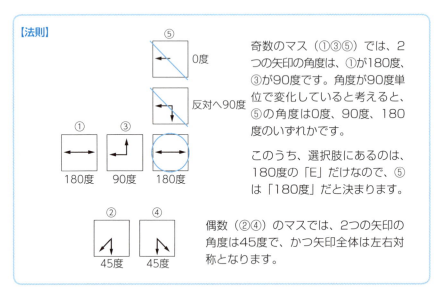

【法則】

奇数のマス（①③⑤）では、2つの矢印の角度は、①が180度、③が90度です。角度が90度単位で変化していると考えると、⑤の角度は0度、90度、180度のいずれかです。

このうち、選択肢にあるのは、180度の「E」だけなので、⑤は「180度」だと決まります。

偶数（②④）のマスでは、2つの矢印の角度は45度で、かつ矢印全体は左右対称となります。

①～⑤を通して見ると法則性がつかみづらいので、1マスずつ飛ばして、奇数のマス同士、偶数のマス同士で検討するとよいでしょう。すると、上記のような法則性があることが分かります。

※判明した法則性を①から⑤まで続けてみると、2つの矢印の角度は「180度→45度→90度→45度→180度」と変化していることが分かります。

正解 E

5

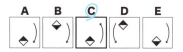

【法則1】

矢印は反時計回りに90度ずつ回転して円弧を描いており、かつ矢印は回転のたびに反対方向へ向きます。

【法則2】

ひし形はそれ自身は時計回りをしながら、90度ずつ回転し、かつ反時計回り方向に移動しています。

正解 C

6

この問題は、正方形内の白い三角形（⑦、④）のそれぞれの法則性に着目すると簡単に解けます。

【法則1】三角形⑦の動き

三角形⑦は、正方形を八等分したマスを時計回りに1つずつ移動しています。

【法則2】三角形④の動き

三角形④は、正方形を八等分したマスを時計回りに1つ飛ばしで移動しています。

正解 C

7

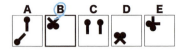

2本の棒を、棒㋐、棒㋑とします。

【法則1】棒㋐の動き

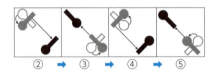

棒㋐は、反時計回りに90度回転したあと、正方形内の対角線上を対角方向へ移動しています。

【法則2】棒㋑の動き

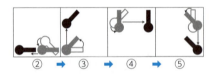

棒㋑は、反時計回りに45度回転したあと、正方形内を時計回りに次の角まで移動しています。

正解 B

8

 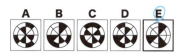

【法則1】内側円の動き

内側円は、反時計回りに45度ずつ回転しています（黒にはさまれた白の動きに注意）。

【法則2】外側円の動き

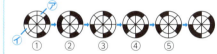

黒い部分の反時計回り方向に白い部分が2つある場合、反時計回り方向1つ分㋐と㋑が黒くなります。次に黒くなった部分の時計回り方向の黒い部分が白くなります。これを繰り返します。

正解 E

9

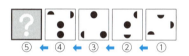 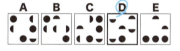

　この問題は、全円と半円の配置や角度の問題ではなく、すべての全円、半円を合わせていくつ分の全円になるかという法則性です。

　上記の図①は、全円で数えると1.5個、同じく②は2.0個、③は2.5個、④は3.0個ですから、⑤が全円で3.5個となるものが正解になります。

　選択肢では「D」のみが該当します。

正解 D

法則性　261

2 命令表

正解へのカギ

- 実際に変化した図形を書き出す
- 最初に無効にする命令を実施する。無効になった命令や使い終わった命令は削除線を引く
- 移動を矢印、または順番を示す数字で書き示す
- 消去した図形には削除線を引く

▶ 命令表に従って、図形を変化させる

Web-CABの命令表では、「縦に並んだマスの中に入っている図形」を、「マスの右側にある円形の命令記号」に従って変化させていき、最終形として正しいものを選択肢から選びます。

制限時間15分で36問が出題されます。

▶ 命令記号は10種類

命令記号の種類は10種類あり、命令の内容は「図形の上下や左右を反対にする」、「上下の図形を消去する」、「上下の命令を無効にする」、「図形の並び順を変える」といったものです。

例題 「命令表」を用いて、上のマスから順番に命令を実施し、すべての命令を実施した結果得られる図形群を1つ選びなさい。

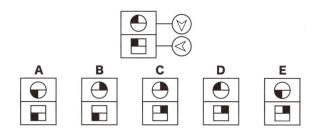

命令表

命令記号	命令内容	例	結果	命令記号	命令内容	例	結果
∀	図形の上下を反対にする			R	図形の上から1・2・3・4の並びを4・3・2・1に変更する（※3つの図形の場合は1・2・3の並びを3・2・1に変更する）		
◁	図形の左右を反対にする						
I	上の図形を消去する						
—	下の図形を消去する			S	図形の上から1・2・3・4の並びを2・1・4・3に変更する		
C	上の図形と交換する						
◆	上の命令を無効にする			∞	図形の上から1・2・3・4の並びを3・4・1・2に変更する		
◇	下の命令を無効にする						

よくわかる スピード 解法

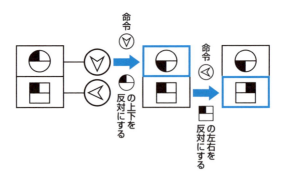

　頭の中で図形の動きを把握するのが苦手という人もいることでしょう。そういう場合は、変化後の図形を書き出すのが最も確実な解決策です。ただ、きちんとした図形を書き出していては時間が足りなくなります。塗りつぶす箇所を点や線にするなど、自分なりの省略の工夫をするとよいでしょう。

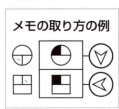

正解 E

練習問題	命令表		制限時間 1分00秒

▶正解 268 ページ

「命令表」を用いて、上のマスから順番に命令を実施し、すべての命令を実施した結果得られる図形群を1つ選びなさい。

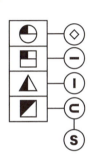

A B C D E

命令表

2

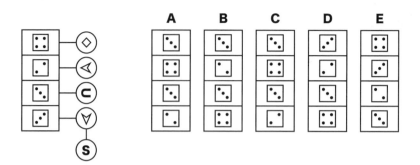

命令表

命令記号	命令内容	例	結果
ⓨ	図形の上下を反対にする		
ⓐ	図形の左右を反対にする		
Ⓘ	上の図形を消去する		
⊖	下の図形を消去する		
Ⓒ	上の図形と交換する		
◆	上の命令を無効にする		
◇	下の命令を無効にする		

命令記号	命令内容	例	結果
Ⓡ	図形の上から1・2・3・4の並びを4・3・2・1に変更する（※3つの図形の場合は1・2・3の並びを3・2・1に変更する）		
Ⓢ	図形の上から1・2・3・4の並びを2・1・4・3に変更する		
∞	図形の上から1・2・3・4の並びを3・4・1・2に変更する		

3

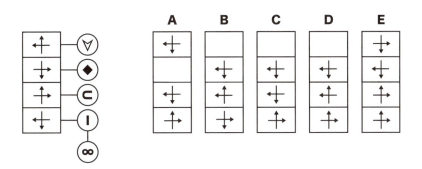

命令表

命令記号	命令内容	例	結果
▽	図形の上下を反対にする		
◁	図形の左右を反対にする		
I	上の図形を消去する		
−	下の図形を消去する		
C	上の図形と交換する		
◆	上の命令を無効にする		
◇	下の命令を無効にする		

命令記号	命令内容	例	結果
R	図形の上から1・2・3・4の並びを4・3・2・1に変更する（※3つの図形の場合は1・2・3の並びを3・2・1に変更する）		
S	図形の上から1・2・3・4の並びを2・1・4・3に変更する		
∞	図形の上から1・2・3・4の並びを3・4・1・2に変更する		

解説 命令表

1

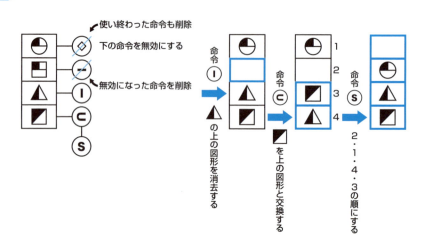

無効にする命令◆・◇があるときは、生真面目に上から順にやっていては、無駄な作業をすることになります。最初に無効にする命令◆・◇を実施して、無効になった命令や使い終わった命令には削除線を引きましょう。

また、メモを取るときには時間短縮のため、命令C・Sによる並び順の変更は、矢印や順番を表す数字で書き示すとよいでしょう（右図参照）。最後の2マスは2回入れ替わって元に戻るので、入れ替えがないことが分かるよう削除線を引きます。消去命令Iによって消去される2つめのマスの図形にも削除線を引いておきましょう。

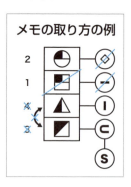

正解 A

2

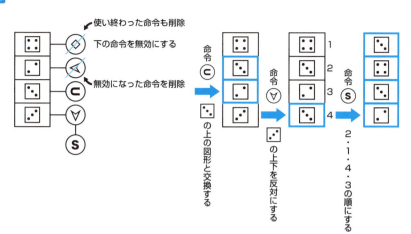

正解 C

3

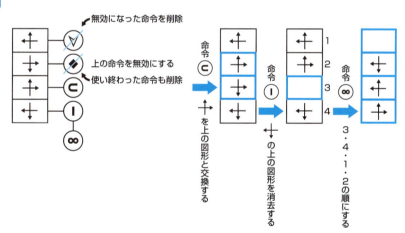

正解 D

3 暗号解読

正解へのカギ

● 図形の変化を書き出す

● 変化した図形同士の「共通の暗号」と「共通の変化」
　を見つける

● 全体の構造を見て、臨機応変に解く

▶ 暗号を解読して問題に答える

　Web-CABの暗号解読では、いくつかの暗号によって図形が変化する過程が描かれた暗号文書が提示されます。暗号を解読して、その後に続く問題に答えます。問題は、1つの暗号文書につき3問出題されます。

　制限時間16分で10組30問が出題されます。

▶ 「共通の暗号」と「共通の変化」を見つける

　Web-CABの暗号解読のコツは、図形の変化を書き出すこと、そして「共通の暗号」と「共通の変化」を見つけることです。

　「共通の暗号」とは、複数の図形が通過する暗号のことです。「共通の暗号」を通過する図形同士は「共通の変化」をします。つまり、図形の「共通の変化」を見つければ「共通の暗号」を解読できるわけです。共通の暗号の正体が分かったら、残る変化をヒントにして、ほかの暗号も解読できます。

　パソコン画面に問題が表示されるWeb-CABでは、鉛筆での書き込みができない代わりに「メモ記述欄」が用意されています。「メモ記述欄」に入力した内容は、得点には影響ありません。

270　暗号解読

例題

以下の「秘密指令」に基づき、「暗号文書の前半」からそれぞれの「暗号」の内容を割り出し、その「暗号」に従って、「暗号文書の後半」の「？」欄に適する答えを選択肢A～Eの中から選び、暗号文書を完成させなさい。

〈暗号文書の前半〉

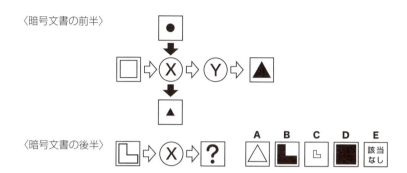

〈暗号文書の後半〉

秘密指令

下の例を見てください。円形の記号は「暗号」による指令です。正方形のマスの中の図形は、「暗号」の指令により、別の図形に変化をします。

例えば、例1の暗号Ⓧは、「図形を大きくする」という指令です。例2の暗号Ⓨは、「黒い図形を白くする」という指令です。

図形は、矢印の方向に変化していきます。矢印には、白色と黒色の2種類がありますが、同じ色の矢印の方向にしか進めません。

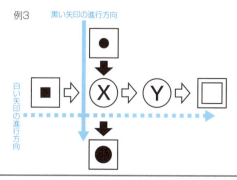

よくわかる スピード 解法

〈暗号文書の前半〉

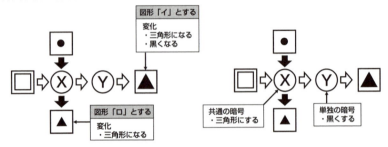

〈暗号文書の後半〉

　上図で「イ」「ロ」とした図形に共通の変化は、「三角形になる」ことです。ここから、2つの図形が共通して通過している暗号Ⓧの正体は「三角形にする」だと分かります。また、図形「イ」への残る変化「黒くなる」から、残る暗号Ⓨの正体は「黒くする」だと分かります。

　暗号の正体が分かったので、暗号文書の後半に取りかかりましょう。暗号Ⓧの正体は「三角形にする」なので、選択肢の中で三角形の「A」が正解です。

正解 A

| 練習問題 | 暗号解読 | 制限時間 3分00秒 |

▶正解275ページ

例題の「秘密指令」(271ページ)に基づき、「暗号文書の前半」からそれぞれの「暗号」の内容を割り出し、その「暗号」に従って、「暗号文書の後半」の「?」欄に適する答えを選択肢A〜Eの中から選び、記号で答えなさい。

【1】

〈暗号文書の前半〉

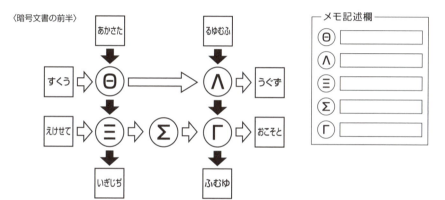

〈暗号文書の後半〉

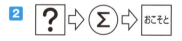

第4章 Web-CAB

【2】

〈暗号文書の前半〉

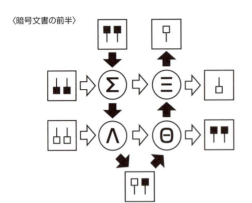

〈暗号文書の後半〉

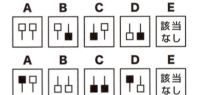

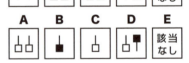

解説 暗号解読

【1】

〈暗号文書の前半〉

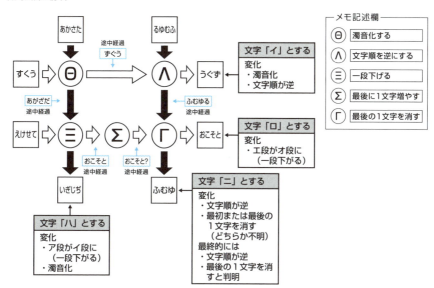

〈暗号文書の後半〉

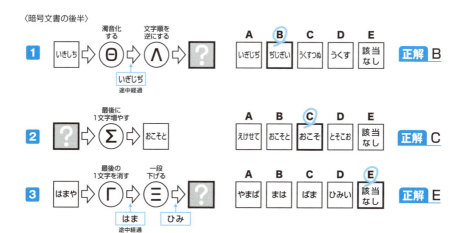

文字「イ」「ニ」に共通の変化は「文字順が逆」です。ここから、共通の暗号Ⓐの正体は「文字順を逆にする」だと分かります。文字「イ」への残る変化から暗号Ⓒは「濁音化する」、文字「ニ」への残る変化から暗号Ⓕは「最後の1文字を消す」だと分かります。

　次に、文字「ロ」「ハ」に共通の変化から、共通の暗号Ⓔの正体を考えます。文字「ハ」は「ア段がイ段に」（「あかさた」が「いきしち」に）、文字「ロ」は「エ段がオ段に」（「えけせて」が「おこそと」に）に変わっています。ここから、暗号Ⓔの正体は「一段下げる」だと分かります。

　文字「ロ」は文字数が変わってないので、暗号Ⓢの正体は「最後に1文字増やす」（「おこそと」の場合、最後に1文字増えて「おこそと？」で、「？」に入る文字が何かは不明）だと分かります。

276　暗号解読

【2】

〈暗号文書の前半〉

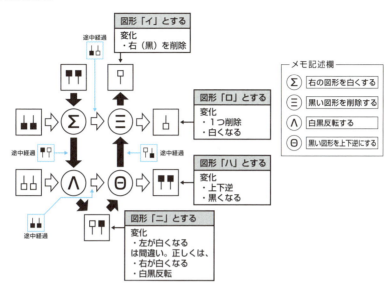

〈暗号文書の後半〉

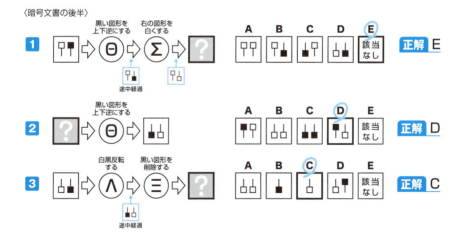

暗号解読 277

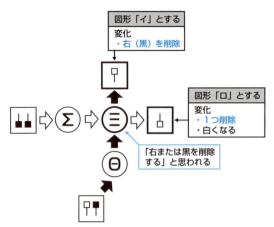

まず、図形「イ」「ロ」に共通の変化から、暗号㊀の正体を考えます。図形「イ」は「右（黒）を削除」、図形「ロ」は「1つ削除」（左右同じ図形のうち、どちらか片方が削除された）なので、暗号㊀の正体は「右または黒を削除する」だと思われます。削除するのが右なのか黒なのかは、まだ分かりません。

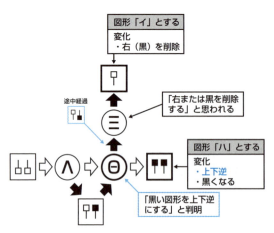

次に、図形「ハ」だけに「上下逆」の変化があることに注目します。図形「ハ」への暗号は Ⓐ Ⓞ です。これらの暗号を通る図形「イ」と「ニ」のうち、上下逆の変化が考えられるのは、図形「イ」（暗号Ⓞ）です。暗号Ⓞにより黒い図形が上下逆になった後で、暗号㊀により黒い図形が削除されたと考えられます。図形「イ」の白い図形は上下逆ではなく、図形「ハ」の黒い図形は2つとも上下逆であることから、暗号Ⓞの正体は「黒い図形を上下逆にする」だと分かります。

図形「ハ」への残る変化から、暗号Λの正体は「白黒反転する」、図形「ロ」と図形「ニ」への残る変化から、暗号Σの正体は「右の図形を白くする」だと分かります。

　正体の判明した暗号を使って図形の途中経過を考えてみると、暗号Ξの正体は「黒い図形を削除する」だと分かります。

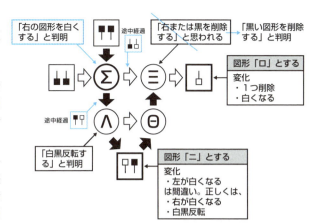

【最新】企業の「Webテスト・筆記試験」実施状況

日経 HR 編集部　調べ

・2021年春入社の選考試験を受けた学生から、本選考で実際に受けたWebテスト・筆記試験の種類を聞き取り、「速報」としてテストごとに50音順で企業名を掲載した。
・また、2020年春入社の選考試験を受けた学生（「キャリタス就活2020」の学生モニター）から、実際に受けたWebテスト・筆記試験の種類を聞き取り、企業名を掲載した（調査協力・株式会社ディスコ）。
・複数回テストを実施したり、選考ルートや職種などにより試験内容が異なることがあるため、複数名前が挙がっている企業もある。
・企業名などの表記は原則として2020年4月時点のもの。企業名が変更されている場合もある。また、学生の記憶違いなどもあるため、すべて正しいとは限らない。
(注) 2020年4月以降、新型コロナウイルス感染症対策として、試験会場を利用した適性検査（テストセンター、ペーパーテスト）の実施をやめ、自宅受検型のWebテストに切り替えている企業が見られます。

速報！ ～2021年春入社のWebテスト・筆記試験～

●SPI（テストセンター）
あいおいニッセイ同和損害保険、アビームコンサルティング、アフラック生命保険、野村不動産、阪急阪神ホールディングス、富士フイルム、三井不動産

●SPI（Webテスト）
キユーピー、近畿日本ツーリスト首都圏、三菱商事

●玉手箱
JXTGエネルギー、アクセンチュア、西日本旅客鉄道（JR西日本）、ニトリ、みずほフィナンシャルグループ、三井住友銀行、森永乳業

●TG-WEB
テレビ朝日

～2020年春入社のWebテスト・筆記試験～

●SPI（テストセンター）
AGC、IHI、JFEスチール、JSR、JXTGエネルギー、SMBC日興証券、SUBARU、TOYO TIRE、あいおいニッセイ同和損害保険、アビームコンサルティング、アフラック生命保険、エア・ウォーター、江崎グリコ、エヌ・ティ・ティ・データ（NTTデータ）、大林組、オリエンタルランド、鹿島建設、川崎重工業、キヤノン、九州電力、九州旅客鉄道（JR九州）、国際石油開発帝石、小林製薬、小松製作所（コマツ）、七十七銀行、清水建設、商工組合中央金庫、住友生命保険、住友電気工業、全日本空輸（ANA）、ソフトバンク、損害保険ジャパン（旧社名：損害保険ジャパン日本興亜）、ダイハツ工業、中外製薬工業、テルモ、デンソー、電通デジタル、東急（旧社名：東京急行電鉄）、東芝、東洋紡、東レ、凸版印刷、豊田通商、西日本鉄道、日東電工、日本電気（NEC）、日本発条、日本航空（JAL）、日本光電工業、日本政策金融公庫、日本生命保険、野村総合研究所、パナソニック、東日本電信電話（NTT東日本）、東日本旅客鉄道（JR東日本）、日立製作所、富国生命保険、富士フイルム、前田建設工業、マクロミル、マツダ、丸紅、ミサワホーム、三井住友銀行、三菱UFJ銀行、三菱重工業、村田製作所、明治安田生命保険、リコー、りそな銀行

続きは p.335 へ！

5章

TG-WEB

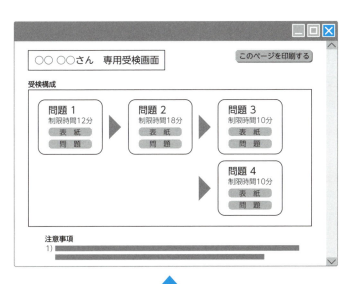

この画面が出たら
TG-WEB

TG-WEB 【概要】

　TG-WEBは、ヒューマネージのWebテストです。言語能力適性検査、非言語能力適性検査と複数の性格適性検査で構成されています。いずれもSPIとは異なる問題が出題されます。能力適性検査の難易度が比較的高いことと、性格適性検査の種類が複数あることなどから、使用する企業が年々増加しています。

●TG-WEBの構成

科目	種類	問題数	時間
言語	新型	34問	7分
	従来型	12問	12分
非言語	新型	36問	8分
	従来型	9問	18分
性格適性検査	A8	156問	30分
	G9	60問	10分

※性格適性検査は、ほかにも複数の種類があります。

全問が1画面に表示されるタイプと1画面1問のタイプがある

　TG-WEBの能力適性検査では、科目ごとに全問が1つの画面に表示されるタイプと、1画面につき1問だけが表示されるタイプがあります。

■TG-WEBの受検画面

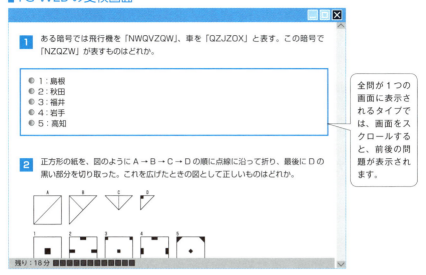

TG-WEBでは誤謬率は測定していない！

TG-WEBでは誤謬率（誤答率のこと）は測定していません。ですから、分からない問題もなるべく推測して、正解と思われる答えを回答しておくと、得点が高くなる可能性があります。

テストセンターで実施されることもある

TG-WEBは、テストセンターで実施されることもあります。TG-WEBのテストセンターは、言語能力検査、非言語能力検査と性格適性検査で構成されています。言語では長文読解を中心とした問題、非言語では四則逆算と図表読取を中心とした問題が出題されます。

自宅で受けるTG-WEBでは電卓が使えますが、テストセンターでは電卓の使用は許されません。テストセンター対策をするときは、非言語は筆算で解くようにしましょう。

※ TG-WEBのテストセンターでは、企業により、言語能力検査、非言語能力検査、性格適性検査のほかに、英語能力適性検査が実施されることがあります。

1 言語 新型

正解へのカギ

● 言葉の意味を知らないと答えられない問題も出る

● 制限時間が短いので、素早く回答することを心がける

▶ 語彙に関する問題、長文読解が出題される

TG-WEBの言語能力適性検査（新型）は制限時間7分で34問が出題されます。大きく分けると以下の2種類が出題されます。

・語彙の問題（同義語、対義語、ことわざ、故事成語）
・長文読解（文章を読んで、筆者の趣旨と合致するもの、合致しないものなどを選択肢から選ぶ形式）

▶ 制限時間が短いので、分からない問題に時間をかけすぎない

同義語、対義語、ことわざ、故事成語では、その言葉の意味を知らないと答えられない問題が出ます。制限時間がかなり短いので、分からない問題が出たときには、時間をかけすぎずに飛ばして次の問題に移ることも考えましょう。

▶ 長文読解は選択肢と本文の照らし合わせで解こう

言語の新型の長文読解では、筆者の主張に最も合致するものを選ぶ問題などが出題されます。選択肢と本文が一致するかどうかを照らし合わせて解きましょう。

練習問題 言語 新型

制限時間 1分00秒

▶正解287ページ

1 「皆無」の同義語として、最も適切なものはどれか。

1：欠落　　　2：有無　　　3：絶無　　　4：無冠　　　5：無為

2 「内憂」の対義語として、最も適切なものはどれか。

1：躍動　　　2：劣悪　　　3：不安　　　4：歓喜　　　5：外患

3 「お茶を濁す」の意味として、最も適切なものはどれか。

1：お茶をたてるときに慌ててしまうこと。
2：手順を守らずに失敗すること。
3：その場の雰囲気を悪くすること。
4：表面だけ取り繕ってその場を切り抜けること。
5：仕事の途中で許可をとらずに休むこと。

5章 TG-WEB

言語　新型　285

4 次の文章を読んで、筆者の主張に最も合致するものはどれか。

　「健康」とは一体何だろうか。WHO憲章では以下のように定義している。「健康とは、肉体的、精神的及び社会的に完全に良好な状態であり、単に疾病又は病弱の存在しないことではない。」"Health is a state of complete physical, mental and social well-being and not merely the absence of disease or infirmity." 「健康」といえば、まずは身体的なものを思い浮かべることが多いのではないだろうか。しかし、ただ表面上病気でなければいいというものではない。肉体的にも、精神的にも、更には社会的に見ても、全てが良好な状態でなければ、健康とは言わない、ということだ。また、同憲章にはこんなことも謳われている。「到達しうる最高基準の健康を享有することは、人種、宗教、政治的信念又は経済的若しくは社会的条件の差別なしに万人の有する基本的権利の一つである。」「全ての人民の健康は、平和と安全を達成する基礎であり、個人と国家の完全な協力に依存する。」「ある国が健康の増進と保護を達成することは、全ての国に対して価値を有する。」つまり、健康が個人にとって、また国家にとっても極めて大切なものであり、その達成に向けて個人と国家が協力していくことが必要ということである。これが既に半世紀以上前に作成されており、今でもなお憲章としての意味を持ち続けているのである。

［平成26年版厚生労働白書 健康長寿社会の実現に向けて〜健康・予防元年〜／厚生労働省］

1：「健康」とは、疾病または病弱の存在しない状態だけを指す。
2：「健康」とは、身体的なものではなく、精神的および社会的に完全に良好な状態を指す。
3：「健康」を達成するために必要なことは個人と国家の協力である。
4：「健康」の定義は時代によって大きく異なる。
5：「健康」は個人にとっては大事なものだが、国家にとっては価値のないものである。

解説 言語 新型

1　「皆無」とは「少しもないこと。何もないこと」という意味です。「皆無」に最も近い意味の言葉は「絶無」です。「絶無」の意味は、「全く無いこと」です。

※1の「欠落」は「必要なものが欠けていること」、2の「有無」は「あることとないこと」、4の「無冠」は「位のないこと。特別な地位や肩書きのないこと」、5の「無為」は「あるがままにして作為しないこと」という意味です。

正解 3：絶無

2　対義語の問題なので、反対の意味の言葉が正解です。「内憂」とは「内部の心配事」という意味です。「内憂」と反対の意味の言葉は「外患」で、意味は「外部から圧迫を受ける心配」です。

※1の「躍動」は「生き生きと活動すること」、2の「劣悪」は「品質などが劣っていて悪いさま」、3の「不安」は「気がかりなこと」、4の「歓喜」は「非常に喜ぶこと」という意味です。

正解 5：外患

3　ことわざの意味を答える問題です。「お茶を濁す」の意味は「表面だけ取り繕ってその場を切り抜ける」です。「濁す」には「言葉などをあいまいにする。ぼかす」という意味があります。

正解 4：表面だけ取り繕ってその場を切り抜けること。

4 　選択肢の中からキーワードを見つけ、本文でそのキーワードが書かれている箇所を中心に検証します。

1：「健康」とは、疾病または病弱の存在しない状態だけを指す。

【該当箇所】本文 1 〜 3 行目

　「健康」とは一体何だろうか。WHO 憲章では以下のように定義している。**「健康とは、肉体的、精神的及び社会的に完全に良好な状態であり、単に疾病又は病弱の存在しないことではない。」**"Health is a state of complete physical, mental

※太字の部分は、選択肢の内容が書かれている箇所。色マーカー ▉ の部分が、選択肢とは合致しない箇所。

　選択肢の「疾病または病弱の存在しない状態だけを指す」に対して、本文は「単に疾病又は病弱の存在しないことではない」とあります。よって、この選択肢は誤りです。

2：「健康」とは、身体的なものではなく、精神的および社会的に完全に良好な状態を指す。

【該当箇所】本文 1 〜 3 行目

　「健康」とは一体何だろうか。WHO 憲章では以下のように定義している。**「健康とは、肉体的、精神的及び社会的に完全に良好な状態であり、単に疾病又は病弱の存在しないことではない。」**"Health is a state of complete physical, mental

　選択肢の「身体的なものではなく」に対して、本文は「肉体的、精神的及び社会的に完全に良好な状態」とあります。よって、この選択肢は誤りです。

3：「健康」を達成するために必要なことは個人と国家の協力である。

【該当箇所】本文 13 〜 15 行目

対して価値を有する。」つまり、**健康が個人にとって、また国家にとっても極めて大切なものであり、その達成に向けて個人と国家が協力していくことが必要ということである。**これが既に半世紀以上前に作成されており、今でもなお憲章としての

　選択肢と本文の内容が合致します。これが正解です。

288　言語　新型

4：「健康」の定義は時代によって大きく異なる。

【該当箇所】本文 1 行目

　「**健康**」とは一体何だろうか。WHO 憲章では以下のように**定義**している。「健康

　選択肢の「『健康』の定義」については本文に記述がありますが、「時代によって大きく異なる」に関しては記述はありません。よって、この選択肢は誤りです。

5：「健康」は個人にとっては大事なものだが、国家にとっては価値のないものである。

【該当箇所】本文 13 ～ 14 行目

対して価値を有する。」つまり、**健康が個人にとって、また国家にとっても極めて大切なもの**であり、その達成に向けて個人と国家が協力していくことが必要という

　選択肢の「国家にとっては価値のないもの」に対して、本文は「国家にとっても極めて大切なもの」とあります。よって、この選択肢は誤りです。

正解 **3：「健康」を達成するために必要なことは個人と国家の協力である。**

言語　新型　289

2 言語　従来型

正解へのカギ

- 難しい言葉にとらわれず、選択肢と本文の照らし合わせで解こう

▶ 空欄補充、並べ替え、長文読解が出題される

TG-WEBの言語能力適性検査（従来型）は制限時間12分で12問が出題されます。大きく分けると以下の3種類が出題されます。

- ・空欄補充
  - ①補充箇所が30字程度の短文のケース
  - ②補充箇所は数文字だが、選択肢が難解な専門用語のケース
- ・文章の並べ替え（50字程度の短文5つを並べ替え）
- ・長文読解（文章を読んで、筆者の趣旨と合致するもの、合致しないものなどを選択肢から選ぶ形式）

▶ 難しい言葉にとらわれず、選択肢と本文の照らし合わせで解こう

言語の従来型で使われる文章は、専門用語や難解な用語が多いのが特徴です。例えば、コンピューター・哲学・法学・医学・心理学・生物学・社会学などに関する難解な文章が使用されます。

しかし、これらの専門用語をきちんと理解する必要はありません。選択肢と本文が一致するかどうかを照らし合わせることで解くことができます。

練習問題　言語　従来型

制限時間 8分00秒

▶正解 299 ページ

1 次の文章の空欄の（A）と（B）に入る言葉として、妥当なものはどれか。

　近代社会においては、生まれながらの身分によって決定された法律関係を打破し、私人間の法律関係は各人がその意思にもとづいて自由に決定し形成することが最も合目的的であると考える個人主義的・自由主義的思想を基礎において発展してきた。いわゆる私的自治が認められている。この私的自治のための最も重要な法律上の手段が、法律行為である。しかも、法律行為においては、（A）と（B）という二つの相対立する意思表示の合致によって成立する契約が、最も重要な役割を果たしてきた。このような考えかたを、法律行為自由の原則または契約自由の原則という。このような社会関係の発展をメーン（Maine）は、「身分より契約へ」という言葉で表現している。

　法律行為自由の原則は、経済的には資本主義を発展させるうえで大きな寄与をなしたが、資本主義の発展にともなって、多くの矛盾をもたらすにいたった。これを契約についてみると、契約の自由は、経済的強者が優位にたち、経済的弱者が不利な地位におかれることになり、契約自由の原則の前提をなす契約当事者の地位の対等の理念はくずれていくことになり、多くの弊害を生ずることになった。

[中川 淳／貝田 守（編）／『はじめての民法』／法律文化社]

1：A＝作成／B＝破棄
2：A＝陳情／B＝許可
3：A＝個人主義／B＝自由主義
4：A＝打診／B＝返答
5：A＝申込み／B＝承諾

2 A〜Eの短文を意味が通る文章に並べ替えたものとして、妥当なものはどれか。

A　しかし「時間とは何か」と改めて問われてみると、とたんに答えに窮する。

B　自明ではあるが説明不可能なこの時間を何とか概念化しようとする哲学的努力が、古来、哲学的時間論と言われてきたものである。

C　だから「時間」が何であるかをよく知っているように思い込んでいる。

D　私たちは「時間」という言葉を日常生活や科学活動の中でごく普通に使用している。

E　「いったい時間とは何でしょうか。だれも私にたずねないとき、私は知っています。たずねられて説明しようと思うと、知らないのです」。アウグスティヌスがすでにそう述べていた。

［須田 朗／木田 元（編）／『哲学キーワード事典』／新書館］

1：B→E→A→C→D
2：B→A→D→E→C
3：D→C→A→E→B
4：D→C→B→A→E
5：E→B→D→A→C

3 A～Eの短文を意味が通る文章に並べ替えたものとして、妥当なものはどれか。

A 法律的な立場からこれをみると、貸主としては、貸した金額を返還するように請求することができ、他方、借主としては、借りた金銭を返還しなければならないという関係としてとらえることができる。

B 金融機関から金銭を借りた場合に、この事実については、いろいろな立場から評価できる。

C このように、権利義務の関係としての生活関係を評価することが、いわゆる法律関係である。法律関係は、社会関係を法律的な眼鏡＝立場でみることにほかならない。

D 権利は、わたくしたちの生活上の利益を実現するための法律上の力であり、その利益は法律上保護されている。権利と義務とは、表裏一体をなすものであり、民法では権利本位の構成になっているが、それが同時に、義務をともなっていることを忘れてはならない。

E この場合に、請求することができるというのが権利であり、返還しなければならないというのが義務である。

［中川 淳／貝田 守（編）／『はじめての民法』／法律文化社］

1：B→A→D→C→E
2：B→A→E→C→D
3：C→B→D→A→E
4：D→B→E→A→C
5：D→E→C→A→B

4 次の文章を読んで、筆者の主張にもっとも合致するものはどれか。

　現在の古生物学では、「カンブリアの大爆発」は実は大爆発ではないことが知られている。突然多くの種が出てきたように見えるのは、原生生物が化石に残る固形部分（外骨格や内骨格）を持つように進化しただけなのである。しかし原生生物が硬い殻を持つようになったことは「大進化」だった。これによって有害なカルシウムが生物の体を作る構造物になり、多細胞の複雑な生物が生まれたからである。

　このような大進化の局面では、どういうタイプの生物が生き残るかを事前に予測することはむずかしいから、なるべく多くの種によって「実験」を行い、そこから自然淘汰によって強い種が生き残るしかない。今日のIT産業が直面しているのも、インターネットという史上最強の破壊的技術による大進化の過程であり、在来企業がこれに適応して生き延びることはまれである。クリステンセン教授の調査したハードディスク業界でも、世代を超えて生き残ったのはわずか数社にすぎない。問題を根本的に解決するのは、在来企業の自己改革ではなく、新しい世代の企業による「創造的破壊」だろう。

［池田信夫／『ブロードバンド戦略 勝敗の分かれ目』／日本経済新聞出版社］

1：原生生物が固形部分を持つように進化したため、多細胞の複雑な生物は生まれなくなった。
2：大進化の局面では、自然淘汰によって強い種が生き残るしかない。
3：インターネットという史上最強の破壊的技術による大進化の過程で、問題を根本的に解決するのは、在来企業の自己改革だ。
4：今日のIT産業が直面している問題に、多くの在来企業は適応して生き延びるだろう。
5：問題を根本的に解決するのは、「創造的破壊」ではない。

5 次の文章を読んで、筆者の主張に合致しないものはどれか。

　PCRとはポリメラーゼ連鎖反応（polymerase chain reaction）の略です。ポリメラーゼとはDNA合成酵素で、この酵素を使った反応を温度を上げたり下げたりしながら連鎖的に何度も繰り返してやれるように巧みに工夫したものです。その結果DNAの量がねずみ算的に増えるのです。簡便な装置で誰でも短時間で微量のDNAを増量できます。DNAを扱う研究室なら、どの研究室にも1台や2台はあるでしょう。工夫した当時はまったく無名だった米国の研究者が数年後にノーベル化学賞をもらったくらいですから、この方法はDNAの技術に革命的な変化をもたらしました。このPCR法が初めて発表された学会では、ほとんど誰も関心を示さなかったそうです。が、ただ一人興味を示したのがノーベル医学生理学賞をもらった米国の著名な分子遺伝学者で、この人が大いに宣伝したおかげで、一気に周囲にその意義が理解されたといわれます。研究をする能力も大切ですが、研究成果の可能性を正しく評価することも非常に重要であるという教訓です。

[柳田充弘／『「いのち」のサイエンス 生命科学はこんなに面白い』／日本経済新聞出版社]

1：PCRは簡便な装置で誰でも短時間で微量のDNAを増量できる。

2：PCRはノーベル医学生理学賞をもらった米国の著名な分子遺伝学者が、大いに宣伝した。

3：研究においては、成果の可能性を正しく評価することも非常に重要である。

4：PCRは発表直後から注目され、研究者が数年後にノーベル化学賞をもらった。

5：PCRは、DNA技術に革命的な変化をもたらした。

6 次の文章の要旨として、もっともふさわしいものはどれか。

　西洋中世における哲学が、古代ギリシアのそれを前提することなしに考えられ得ないことは、万人の認めるところである。このことは、真理（＝智）に至ろうとする動き（智の愛）、即ち全体的直接的に観ること（テオリア）への努力が、人間の本質に根ざす普遍的なものであり、ギリシアの哲学は、その最も純粋な発現であったことを思えば、しごく当然のことといえる。だがこのことは、「中世の哲学」と呼ばれるものはキリスト教神学と分離され得る限り、ギリシア哲学伝承の一形態たるに過ぎず、神学との接触が生んだ種々の特殊な問題や領域は認められるにせよ、哲学の本質という点から見る限り、ギリシア哲学以外の何ものでもなかったということではない。この見解は、中世の哲学だけが拓き得たその特有の、しかしそれと同時に哲学そのものにとっても本来の道であるものを看過し、その結果、哲学そのものの典型化形式化の中に己れを見失っていると言うべきである。

［宮内 璋／出 隆、栗田賢三（編）／『岩波講座哲学Ⅶ 哲学の概念と方法』／岩波書店］

1：中世の哲学は、ギリシア哲学とほとんど変わらない。
2：中世の哲学は、ギリシア哲学を前提にして、特有の道を拓いた。
3：中世の哲学は、キリスト教神学と切り離すことができない。
4：中世の哲学は、キリスト教神学と接触したことにより、己れを見失うことになった。
5：中世の哲学は、ギリシア哲学とは何の関係もない。

7 次の文章を読んで、筆者の主張にもっとも合致するものはどれか。

　ボトルネックはシステム設計上、最重要な要素と言っていいだろう。なぜなら、全体システムの性能は制約条件となっている「ボトルネック」によって決定され、「最適」な全体システムのデザインはボトルネックプロセスを最も効率よく活用するものになるからだ。たとえばエネルギー供給に不安がある時代には、省エネルギー型の設計になる。コンピュータ業界におけるパッケージソフトウエアの利用増大も、大幅に向上しているハードウエア性能に比して生産性の伸びが遅くてボトルネックとなっているソフトウエア開発の資源を節約するために進行していると理解できる。

　ボトルネックの対極にあるのが、ボトルネック資源を有効に活用するために、ムダ遣いが許容される余剰（スラック）資源である。これが大量に存在する場合、ボトルネックを他の部分から切り離す緩衝（バッファー）を作ることができる。

　たとえば、燃料価格が高い国では安全なボディを作る際に「燃料効率を低下させない」という制約を気にしなければならないが、燃料が安い国では燃費を気にすることなく大きなエンジンを積むことで、安全性の高いボディを考えることができる。

　このように全体システムの設計上のボトルネックがどこにあり、それをカバーするような余剰資源がどこにあるかは、アーキテクチャ決定上の大きな要素となる。その視点に立ったとき、今日情報技術の影響が大きいといえるのは、多くの組織において情報の流れが協働組織化の設計上のボトルネックになっているからであろう。
[國領二郎／『オープン・ソリューション社会の構想』／日本経済新聞出版社]

1：全体システムの性能は、制約条件になっている「ボトルネック」によって決定されるわけではない。

2：ボトルネックの対極にあるのが、緩衝（バッファー）である。

3：エネルギー供給の不安がボトルネックとなる時代は、省エネルギー型の設計になる。

4：燃料価格が高い国では、安全なボディを作るときに、大きなエンジンを積む。

5：全体システムの設計上のボトルネックを探すことで、今日の情報技術の影響をますます大きくすることができる。

8 次の文章を読んで、筆者の解説に合致するものをA〜Eから正しく選択しているのはどれか。

　「2007年問題」を早くから認識していたのはIT業界で、それが徐々に製造業でも問題視されるようになり、現在に至っている。IT産業の急成長を支えてきた古いシステムの解るSEがだんだんといなくなっていること、その時期が2007年の団塊世代の大量一斉退職と同時に増大するというのがそもそもの指摘であった。

　2007年問題は、「団塊の世代が一斉にいなくなる」→「活力を維持するためには困った問題だ」→「企業（日本経済）は大変だ」という三段論法で数年前から散々議論されているが、実際の団塊世代（当事者）にとっては、そう簡単に消されては困るというのが本音だろう。60歳を越えても生活することに変わりはない。

　そして、有力人材市場を多く抱える東京都ならびにその近郊（首都圏）と、おいしい空気や水と人間味あふれる暮らしを売りに大量移住して欲しいと考える地方自治体の間で、団塊世代の付加価値への皮算用（マーケティングによる顧客獲得）が始まっている。

［林 志行／nikkei BP net『現代リスクの基礎知識』「少子高齢化と2007年問題（3）団塊世代の考え方」2006年5月30日
(http://www.nikkeibp.co.jp/style/biz/feature/risk/060530_2007mondai3/)／日経BP社］

A　団塊世代に大量移住をして欲しいと考える地方自治体は、付加価値への皮算用を始めている。

B　2007年問題は議論が足りず、団塊世代（当事者）にとっては、そう簡単に消されては困るというのが本音だろう。

C　「2007年問題」は製造業でも問題視されている。

D　IT業界では「2007年問題」への対策として、古いシステムの解るSEを増強している。

E　2007年に団塊世代が一斉退職する。

1：AとBが合致する

2：AとCが合致する

3：AとCとEが合致する

4：BとCが合致する

5：CとEが合致する

解説 言語 従来型

1 2つの空欄に入る言葉の組み合わせを選ぶ問題です。ここでは、法律での契約が成立する「二つの相対立する意思表示」を表す言葉2つを選びます。この問題では、文章全体を通読しても、これらを言い換えた言葉は登場しません。そこで、選択肢の消去法で解きます。

1：A＝作成／B＝破棄

この2つは、意思表示ではないので不適切です。

2：A＝陳情／B＝許可

本文の後ろのほうに「契約自由の原則の前提をなす契約当事者の地位の対等」とあります。願い出て許可をもらうという形式では地位の対等とはいえないので、不適切です。

3：A＝個人主義／B＝自由主義

この2つは、相対立するわけではないので不適切です。

4：A＝打診／B＝返答

この2つは、何かをたずね、応答するというやり取りだけのことで、意思表示ではありません。不適切です。

5：A＝申込み／B＝承諾

相対立する意思表示であり、しかも、承諾を得ることによって何かが合意することになります。これが正解です。

正解 5：A＝申込み／B＝承諾

2 TG–WEBの並べ替え問題を、うまく解くコツは以下の通りです。

解法の ポイント

①選択肢「1」〜「5」の先頭文章に注目。先頭文章にふさわしくないものを除外する。例えば、接続詞で始まる文章は、先頭にふさわしくない。

②確実につながる文章を探す。そして、そのつながり順になっている選択肢に絞り込む。

③以上のうち、より手早くできる方法で選択肢を絞り込んで、あとは、その中で正解を探す。

言語 従来型 299

この問題は、②の「確実につながる文章を探す」方法が有効です。

まず「C」の「だから」に注目します。「だから」は理由を説明する接続詞です。よって、この文章の前には、時間という言葉をよく知っているように思い込む原因となる文章がきます。該当するのは「D」です。

これで「D→C」だと確定しました。「D→C」となるのは「3」と「4」のみです。

「3」と「4」に絞り込んで、「C」に続く文章を検証します。

● 「3」の「C→A」は、時間をよく知っていると思い込んでいる→でも改めて問われると答えに窮するという流れで、意味が通ります。

● 「4」の「C→B」だと、時間をよく知っていると思い込んでいる→自明ではあるが説明不可能なこの時間となります。思い込んでいて自明なのに説明不可能という展開は、不自然です。

正解 3：D→C→A→E→B

3 この問題も、「確実につながる文章を探す」方法が有効です。

「A」と「E」だけに、「請求」と「返還」という2つの言葉が登場することに注目します。

「A」は、貸主が請求できる、借主が返還しなければならないという内容です。これを受けて、「E」は、請求が権利で、返還が義務と、請求と返還について定義付けをしています。

つまり、この2つは「A→E」の順に並びます。

選択肢の中で、「A→E」なのは「2」と「3」です。「3」は、先頭の「C」が接続詞で始まっているため、先頭の文章にふさわしくありません。

正解 2：B→A→E→C→D

4 選択肢の中からキーワード（専門用語など文中から探しやすいもの）を見つけ、本文でそのキーワードが書かれている箇所を中心に、文脈で前後を検証します。

300　言語　従来型

１：原生生物が固形部分を持つように進化したため、多細胞の複雑な生物は生まれなくなった。 ✖

【該当箇所】本文２～５行目

> いる。突然多くの種が出てきたように見えるのは、**原生生物**が化石に残る**固形部分（外骨格や内骨格）を持つように進化した**だけなのである。しかし原生生物が硬い殻を持つようになったことは「大進化」だった。~~これによって有害なカルシウムが生物の体を作る構造物になり、多細胞の複雑な生物が~~ 生まれた ~~からである。~~

※太字の部分は、選択肢の内容が書かれている箇所。~~～～～～～~~ 線部は、文脈の判断上、手掛かりとなる箇所。色マーカー ▇▇ の部分が、選択肢とは合致しない箇所。

「固形部分」というキーワードに注目すると、登場するのは、２行目だけです。本文を見ると、選択肢の前半、「原生生物が固形部分を持つように進化したため」は、そっくりそのまま本文に登場しています。

ただし、その結果は、本文では「多細胞の複雑な生物が生まれた」とあり、「生まれなかった」としている選択肢とは異なります。

よって、この選択肢は誤りです。

２：大進化の局面では、自然淘汰によって強い種が生き残るしかない。

【該当箇所】本文６～８行目

> このような**大進化の局面**では、どういうタイプの生物が生き残るかを事前に予測することはむずかしいから、なるべく多くの種によって「実験」を行い、そこから**自然淘汰によって強い種が生き残るしかない。**今日の IT 産業が直面しているのも、インタ

「大進化の局面」というキーワードに注目して本文を探すと、６行目に登場します。本文を読むと、選択肢とぴったり内容が合致します。

よって、この選択肢が正解です。

3：インターネットという史上最強の破壊的技術による大進化の過程で、問題を根本的に解決するのは、在来企業の自己改革だ。

【該当箇所】本文 8 〜 13 行目

> 淘汰によって強い種が生き残るしかない。今日の IT 産業が直面しているのも、**インターネットという史上最強の破壊的技術による大進化の過程であり**、在来企業がこれに適応して生き延びることはまれである。クリステンセン教授の調査したハードディスク業界でも、世代を超えて生き残ったのはわずか数社にすぎない。**問題を根本的に解決するのは、在来企業の自己改革ではなく**、新しい世代の企業による「創造的破壊」だろう。

　「インターネットという史上最強の破壊的技術」というキーワードに注目して本文を探すと、8 〜 9 行目に登場します。選択肢後半の「自己改革」の記述は、同じ文章にはありませんが、続く文章を読み進めると、2 文後に登場します。ただし、選択肢の「自己改革だ」という記述に対して、本文は「自己改革ではない」と否定しています。

　よって選択肢は誤りです。

4：今日の IT 産業が直面している問題に、多くの在来企業は適応して生き延びるだろう。

【該当箇所】本文 8 〜 11 行目

> 淘汰によって強い種が生き残るしかない。**今日の IT 産業が直面しているのも**、インターネットという史上最強の破壊的技術による大進化の過程であり、**在来企業がこれに適応して生き延びることはまれである。**クリステンセン教授の調査したハードディスク業界でも、世代を超えて生き残ったのはわずか数社にすぎない。問題を根本

　「今日の IT 産業が直面している問題」というキーワードに注目して本文を探すと、8 行目に登場します。選択肢は「多くの在来企業は適応して生き延びる」としているのに対して、本文では「生き延びることはまれである」と記述が異なります。

　よって、この選択肢は誤りです。

5：問題を根本的に解決するのは、「創造的破壊」ではない。

【該当箇所】本文 11 ～ 13 行目

ィスク業界でも、世代を超えて生き残ったのはわずか数社にすぎない。**問題を根本的に解決するのは、**在来企業の自己改革ではなく、新しい世代の企業による**「創造的破壊」だろう。**

「創造的破壊」というキーワードに注目して本文を探すと、12 ～ 13 行目に登場します。ただし、選択肢とは反対のことが記述されています。

よって、この選択肢は誤りです。

> 正解 **2：大進化の局面では、自然淘汰によって強い種が生き残るしかない。**

---

5 「主張に合致しないもの」を選ぶ問題です。以下のように、選択肢と本文が合致しないのは「4」だけです。

1：PCR は簡便な装置で誰でも短時間で微量の DNA を増量できる。

【該当箇所】本文 1 ～ 5 行目

PCR とはポリメラーゼ連鎖反応（polymerase chain reaction）の略です。ポリメラーゼとは DNA 合成酵素で、この酵素を使った反応を温度を上げたり下げたりしながら連鎖的に何度も繰り返してやれるように巧みに工夫したものです。その結果 DNA の量がねずみ算的に増えるのです。**簡便な装置で誰でも短時間で微量の DNA を増量できます。**DNA を扱う研究室なら、どの研究室にも 1 台や 2 台はある

「簡便な装置」というキーワードに注目して本文を探すと、4 行目に登場します。記述も選択肢と合致します。

2：PCR はノーベル医学生理学賞をもらった米国の著名な分子遺伝学者が、大いに宣伝した。

【該当箇所】本文 9 ～ 11 行目

言語 従来型 303

かったそうです。が、ただ一人興味を示したのが**ノーベル医学生理学賞をもらった**
米国の著名な分子遺伝学者で、この人が大いに宣伝したおかげで、一気に周囲にそ
の意義が理解されたといわれます。研究をする能力も大切ですが、研究成果の可能

「ノーベル医学生理学賞」というキーワードに注目して本文を探すと、9行目
に登場します。記述も選択肢と合致します。

3：研究においては、成果の可能性を正しく評価することも非常に重要である。

【該当箇所】本文 11 ～ 12 行目

の意義が理解されたといわれます。**研究をする能力も大切ですが、研究成果の可能**
性を正しく評価することも非常に重要であるという教訓です。

「成果の可能性を正しく評価」というキーワードに注目して本文を探すと、
11 ～ 12 行目に登場します。記述も選択肢と合致します。

4：PCR は発表直後から注目され、研究者が数年後にノーベル化学賞をもらった。

【該当箇所】本文 6 ～ 9 行目

でしょう。工夫した当時はまったく無名だった米国の**研究者が数年後にノーベル化**
学賞をもらったくらいですから、この方法は DNA の技術に革命的な変化をもたら
しました。この **PCR 法が初めて発表された学会では、ほとんど誰も関心を示さな**
かったそうです。が、ただ一人興味を示したのがノーベル医学生理学賞をもらった

「ノーベル化学賞」というキーワードに注目して本文を探すと、6 ～ 7 行目に
登場します。ただし、ここで確認できるのは、選択肢後半の「研究者が数年後
にノーベル化学賞をもらった」という記述だけです。

そこで、新たに「発表直後」というキーワードに注目して、前後の文章を見
てみると、次の文に「初めて発表された学会では、ほとんど誰も関心を示さな
かった」という記述があります。つまり、選択肢前半の「発表直後から注目さ
れ」という記述は誤りです。

よって、この選択肢が正解です。

304 言語 従来型

5：PCR は、DNA 技術に革命的な変化をもたらした。

【該当箇所】本文 6 〜 9 行目

でしょう。工夫した当時はまったく無名だった米国の研究者が数年後にノーベル化学賞をもらったくらいですから、**この方法は DNA の技術に革命的な変化をもたらしました。この PCR 法**が初めて発表された学会では、ほとんど誰も関心を示さなかったそうです。が、ただ一人興味を示したのがノーベル医学生理学賞をもらった

「革命的な変化」というキーワードに注目して本文を探すと、7 行目に登場します。記述も選択肢と合致します。

正解 4：PCRは発表直後から注目され、研究者が数年後にノーベル化学賞をもらった。

6 　要旨を探す問題ですが、解き方は、「筆者の主張に合致するか」という問題と同様です。
　TG-WEBの従来型の長文では、通常、「本文に合致するけれど要旨ではない」というタイプの選択肢は登場しません。そこで、本文を通読して要旨を読み解くという方法ではなく、選択肢が本文に登場するかどうか検証するという方法で解いたほうが、すばやく答えにたどり着けます。
　この問題では、以下のように、選択肢と本文が合致するのは「2」だけです。

1：中世の哲学は、ギリシア哲学とほとんど変わらない。

【該当箇所】本文 5 〜 9 行目

たことを思えば、しごく当然のことといえる。だがこのことは、**「中世の哲学」と呼ばれるもの**はキリスト教神学と分離され得る限り、ギリシア哲学伝承の一形態たるに過ぎず、神学との接触が生んだ種々の特殊な問題や領域は認められるにせよ、哲学の本質という点から見る限り、**ギリシア哲学以外の何ものでもなかったということではない。**この見解は、中世の哲学だけが拓き得たその特有の、しかしそれと

「ギリシア哲学とほとんど変わらない」というキーワードに注目して本文を探すと、8 〜 9 行目に登場します。しかし、選択肢の「ギリシア哲学とほとんど変わらない」という記述に対して、本文は「ギリシア哲学以外の何ものでもなかったということではない」と否定の記述です。

　よって選択肢は誤りです。

5 章

TG-WEB

言語　従来型　305

2：中世の哲学は、ギリシア哲学を前提にして、特有の道を拓いた。

【該当箇所】本文 1 〜 2 行目

> 　西洋中世における哲学が、古代ギリシアのそれを前提することなしに考えられ得ないことは、万人の認めるところである。このことは、真理（＝智）に至ろうとす

【該当箇所】本文 8 〜 10 行目

> 哲学の本質という点から見る限り、ギリシア哲学以外の何ものでもなかったということではない。この見解は、中世の哲学だけが拓き得たその特有の、しかしそれと同時に哲学そのものにとっても本来の道であるものを看過し、その結果、哲学その

　まず、「ギリシア哲学を前提」というキーワードに注目して本文を探すと、1行目に登場します。

　しかし、ここには選択肢後半の「特有の道を拓いた」という記述はないので、改めて「特有の道を拓いた」をキーワードに本文を探します。すると、9 〜 10行目に記述があり、こちらもやはり選択肢と合致します。

　よって、この選択肢が正解です。

3：中世の哲学は、キリスト教神学と切り離すことができない。

【該当箇所】本文 5 〜 7 行目

> たことを思えば、しごく当然のことといえる。だがこのことは、**「中世の哲学」**と呼ばれるものはキリスト教神学と分離され得る限り、ギリシア哲学伝承の一形態たるに過ぎず、神学との接触が生んだ種々の特殊な問題や領域は認められるにせよ、

　「キリスト教神学と切り離すことができない」というキーワードに注目して本文を探すと、5 〜 7 行目に登場します。しかし「切り離すことができない」という選択肢の記述に対して、本文では「分離され得る限り」と異なる記述です。

　よって、この選択肢は誤りです。

4：中世の哲学は、キリスト教神学と接触したことにより、己れを見失うことになった。

【該当箇所】本文 7 〜 11 行目

るに過ぎず、**神学との接触が生んだ種々の特殊な問題や領域は認められるにせよ、哲学の本質という点から見る限り、ギリシア哲学以外の何ものでもなかったということではない。**この見解は、中世の哲学だけが拓き得たその特有の、しかしそれと同時に**哲学そのものにとっても本来の道であるものを看過し、その結果、哲学そのものの典型化形式化の中に己れを見失っている**と言うべきである。

「キリスト教神学と接触」というキーワードに注目して本文を探すと、7行目に記述があります。しかし、その結果「己れを見失うことになった」という選択肢に対して、この文には、己れに関する記述はありません。己れに関する記述は、次の文に登場しますが、「キリスト教神学と接触」した結果ではありません。

よって、この選択肢は誤りです。

5：中世の哲学は、ギリシア哲学とは何の関係もない。

【該当箇所】本文1～2行目

西洋中世における哲学が、古代ギリシアのそれを前提することなしに考えられ得ないことは、万人の認めるところである。このことは、真理（＝智）に至ろうとす

「ギリシア哲学とは何の関係もない」というキーワードに注目して本文を探すと、1～2行目に記述があります。しかし、ギリシア哲学について、「何の関係もない」という選択肢に対して、本文では「前提することなしに考えられ得ない」と異なる記述です。よって、この選択肢は誤りです。

正解 **2：中世の哲学は、ギリシア哲学を前提にして、特有の道を拓いた。**

7 この問題では、以下のように、選択肢と本文が合致するのは「3」だけです。

1：全体システムの性能は、制約条件になっている「ボトルネック」によって決定されるわけではない。

【該当箇所】本文1～3行目

ボトルネックはシステム設計上、最重要な要素と言っていいだろう。なぜなら、**全体システムの性能は制約条件となっている「ボトルネック」によって決定され**、「最適」な全体システムのデザインはボトルネックプロセスを最も効率よく活用す

「『ボトルネック』によって決定」というキーワードに注目して本文を探すと、2行目に登場します。しかし、「決定されるわけではない」とする選択肢に対して、本文では「決定され」と肯定しており、記述が異なります。

よって、この選択肢は誤りです。

2：ボトルネックの対極にあるのが、緩衝（バッファー）である。

【該当箇所】本文 9 〜 11 行目

ボトルネックの対極にあるのが、ボトルネック資源を有効に活用するために、ムダ遣いが許容される**余剰（スラック）資源である。これが大量に存在する場合、ボトルネックを他の部分から切り離す緩衝（バッファー）を作ることができる。**

「緩衝（バッファー）」というキーワードに注目して本文を探すと、11行目に登場します。本文には「ボトルネックを他の部分から切り離す」と説明されており、選択肢の「対極にある」という記述とは合致しません。

念のため、「ボトルネックの対極」という記述も探すと、その前の文に登場します。本文によると、「ボトルネックの対極にある」のは、「余剰（スラック）資源」であり、選択肢の「緩衝（バッファー）」であるという記述とは異なります。

よって、この選択肢は誤りです。

3：エネルギー供給の不安がボトルネックとなる時代は、省エネルギー型の設計になる。

【該当箇所】本文 1 〜 5 行目

ボトルネックはシステム設計上、最重要な要素と言っていいだろう。なぜなら、**全体システムの性能は制約条件となっている「ボトルネック」によって決定され、「最適」な全体システムのデザインはボトルネックプロセスを最も効率よく活用するものになるからだ。たとえばエネルギー供給に不安がある時代には、省エネルギー型の設計になる。**コンピュータ業界におけるパッケージソフトウエアの利用増大

308　言語　従来型

「省エネルギー型」というキーワードに注目して本文を探すと、4〜5行目に登場します。「ボトルネック」という言葉は、前の文に登場しており、その一例として「エネルギー供給に…」という本文があるわけですから、選択肢と本文の記述は合致します。

よって、この選択肢が正解です。

4：燃料価格が高い国では、安全なボディを作るときに、大きなエンジンを積む。

【該当箇所】本文 12 〜 14 行目

たとえば、**燃料価格が高い国では安全なボディを作る際に**「燃料効率を低下させない」**という制約を気にしなければならない**が、**燃料が安い国では燃費を気にすることなく大きなエンジンを積む**ことで、安全性の高いボディを考えることができる。

「大きなエンジン」というキーワードに注目して本文を探すと、14行目に登場します。しかし、選択肢では、大きなエンジンを積むのが「燃料価格が高い国」であるのに対して、本文には「燃料が安い国」と記述が異なります。

よって、この選択肢は誤りです。

なお、念のため「燃料価格が高い国」に関する本文の記述を見てみても、やはり、「大きなエンジンを積む」という記述はありません。

5：全体システムの設計上のボトルネックを探すことで、今日の情報技術の影響をますます大きくすることができる。

【該当箇所】本文 17 〜 18 行目

その視点に立ったとき、**今日情報技術の影響が大きいといえるのは、多くの組織において情報の流れが協働組織化の設計上のボトルネックになっているからであろう。**

「情報技術の影響」というキーワードに注目して本文を探すと、17行目に登場します。しかし、選択肢の「情報技術の影響をますます大きくする」という記述は本文にはありません。

よって、この選択肢は誤りです。

正解 3：エネルギー供給の不安がボトルネックとなる時代は、省エネルギー型の設計になる。

8 本文と合致する選択肢が複数あるタイプの問題です。
以下のように、「A」「C」「E」が本文と合致します。

A：団塊世代に大量移住をして欲しいと考える地方自治体は、付加価値への皮算用を始めている。

【該当箇所】本文 9 〜 12 行目

> そして、有力人材市場を多く抱える東京都ならびにその近郊（首都圏）と、おいしい空気や水と人間味あふれる暮らしを売りに**大量移住して欲しいと考える地方自治体の間で、団塊世代の付加価値への皮算用（マーケティングによる顧客獲得）が始まっている。**

「大量移住」というキーワードに注目して本文を探すと、10 行目に登場します。記述も選択肢と合致します。

B：2007 年問題は議論が足りず、団塊世代（当事者）にとっては、そう簡単に消されては困るというのが本音だろう。

【該当箇所】本文 5 〜 8 行目

> 2007 年問題は、「団塊の世代が一斉にいなくなる」→「活力を維持するためには困った問題だ」→「企業（日本経済）は大変だ」という三段論法で**数年前から散々議論されているが、実際の団塊世代（当事者）にとっては、そう簡単に消されては困るというのが本音だろう。** 60 歳を越えても生活することに変わりはない。

「団塊世代（当事者）にとっては、そう簡単に消されては困る」というキーワードに注目して本文を探すと、7 〜 8 行目に登場します。しかし、選択肢の「議論が足りず」という記述に対して、本文は「散々議論されている」です。

よって、この選択肢は本文とは合致しません。

310 　言語　従来型

C：「2007 年問題」は製造業でも問題視されている。

【該当箇所】本文 1 ～ 2 行目

　「**2007 年問題**」を早くから認識していたのは IT 業界で、それが徐々に**製造業で
も問題視されるようになり**、現在に至っている。IT 産業の急成長を支えてきた古い

　「製造業でも問題視」というキーワードに注目して本文を探すと、1 ～ 2 行目
に登場します。記述も選択肢と合致します。

D：IT 業界では「2007 年問題」への<u>対策として、古いシステムの解る SE を
　　増強している</u>。

【該当箇所】本文 1 ～ 4 行目

　「2007 年問題」を早くから認識していたのは IT 業界で、それが徐々に製造業で
も問題視されるようになり、現在に至っている。**IT 産業の急成長を支えてきた古い
システムの解る SE がだんだんといなくなっている**こと、その時期が 2007 年の団
塊世代の大量一斉退職と同時に増大するというのがそもそもの指摘であった。

　「古いシステムの解る SE」というキーワードに注目して本文を探すと、2 ～ 3
行目に登場します。しかし、「増強」という選択肢の記述に対して、本文は「だ
んだんといなくなっている」という記述で異なります。そもそも、選択肢にあ
るような、IT 業界の対策は本文には書かれていません。

　よって、この選択肢は本文とは合致しません。

E：2007 年に団塊世代が一斉退職する。

【該当箇所】本文 2 ～ 4 行目

も問題視されるようになり、現在に至っている。IT 産業の急成長を支えてきた古い
システムの解る SE がだんだんといなくなっていること、その時期が **2007 年の団
塊世代の大量一斉退職**と同時に増大するというのがそもそもの指摘であった。

　「団塊世代が一斉退職」というキーワードに注目して本文を探すと、3 ～ 4 行
目に登場します。記述も選択肢と合致します。

正解 3：AとCとEが合致する

3 非言語　新型

正解へのカギ

- **四則逆算と図表読取が出題される**
- **自宅で受けるときは電卓とメモ用紙を用意、テストセンターは筆算**

▶ 四則逆算と図表読取が出題される

TG-WEBの非言語能力適性検査（新型）は、四則逆算と図表読取の問題が、制限時間8分で36問出題されます。

▶ 四則逆算は一次方程式を解く

四則逆算は一次方程式を解く問題です。同様の形式は、玉手箱の四則逆算でも出題されます。対策も同様ですので、玉手箱の172〜173ページに掲載の「一次方程式の移項方法」、「分数・小数・パーセントの一覧」にも目を通しておきましょう。

▶ 図表読取は、図表を見ながら問題に答える

図表読取は、図表を使って読み取りや計算をする問題です。玉手箱の図表読取と同様の形式の問題が出題されます。

▶ 自宅受検は電卓とメモ用紙を用意、テストセンターは筆算

自宅でTG-WEBを受けるときには、計算に電卓が使用できますので、必ず用意しましょう。あらかじめ、電卓の使い方にも、ある程度慣れておくとよいでしょう。メモ用紙と筆記用具も忘れずに用意しておきましょう。

テストセンターでTG-WEBを受けるときには、電卓が使えません。筆算で答えを求めていくことになります。TG-WEBを筆算で解く練習をしておくとよいでしょう。

312　非言語　新型

練習問題 非言語 新型

制限時間 2分30秒

▶正解316ページ

1 次のグラフは、学生A～Pの16人の身長と体重の関係を表したものである。最も身長が高い人と、最も身長が低い人との体重の差は約何kgか。

【学生A～Pの身長と体重】

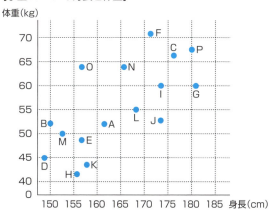

1：10kg　　2：15kg　　3：20kg
4：25kg　　5：30kg

2 次のグラフは、ある都市の2009年および2010年における7種類の出火原因別火災件数を表したものである。2010年のこんろが原因の火災は、2009年のこんろが原因の火災と比べて、およそ何％減少しているか。

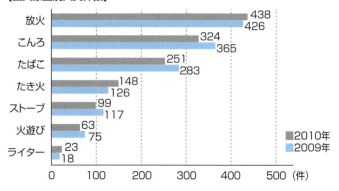

【出火原因別火災件数】

1：9.5%　　2：10.8%　　3：11.2%
4：12.6%　　5：13.4%

3 $91-19=9\times \square$

1：6   2：7   3：8   4：9   5：10

4 $\square =7/2$

1：250%   2：350%   3：400%   4：450%   5：550%

5 $\square \div (34-16)=13$

1：180   2：198   3：221   4：234   5：242

6 $3040\div \square =19\div 3$

1：470   2：480   3：490   4：500   5：510

7 $12=(78-\square)\times1/6$

1：1   2：2   3：4   4：6   5：8

8 $\square =9/25$

1：28%   2：32%   3：36%   4：40%   5：44%

9 $\square \times4+16=396\div9$

1：7   2：8   3：9   4：10   5：11

10 $24\times(\square -8)=312$

1：16   2：17   3：18   4：20   5：21

11 $\square \div (86+58)=7/12$

1：35   2：56   3：63   4：77   5：84

12 $0.32\div8/5=\square \times4$

1：1/25   2：1/20   3：1/16   4：1/8   5：1/2

解説 非言語 新型

1

　最も身長が高いのは G で、体重は 60kg です。最も身長が低いのは D で、体重は 45kg です。この 2 つを引き算します。

60 − 45 = 15 （kg）

正解 2：15kg

2

　こんろが原因の火災件数は 2009 年が 365 件、2010 年が 324 件です。何％減少したかを求めるには、2009 年と 2010 年の件数の差を、2009 年の件数で割ります。

（365 − 324）÷ 365

= 0.1123…

≒ 0.112 　➡　 11.2 （％）

正解 3：11.2%

3

91 − 19 = 9 × □

□ = （91 − 19）÷ 9

□ = 72 ÷ 9

□ = 8

正解 3：8

4

□ = 7/2

□ = 7 ÷ 2

□ = 3.5

□ = 350%

正解 2：350%

5

□ ÷ （34 − 16） = 13

□ = 13 × （34 − 16）

□ = 13 × 18

□ = 234

正解 4：234

6

3040 ÷ □ = 19 ÷ 3

□ = 3040 ÷ （19 ÷ 3）

$\square = 3040 \div \dfrac{19}{3}$

$\square = \dfrac{3040 \times 3}{19}$

□ = 480

※選択肢は整数なので、最後には割り切れるのが明らかです。そこで、以下のように割り算が最後にくるよう計算順を工夫してもかまいません。

3040 ÷ □ = 19 ÷ 3

□ = 3040 ÷ （19 ÷ 3）

□ = 3040 ÷ 19 × 3

□ = 3040 × 3 ÷ 19

□ = 480

正解 2：480

7

$$12 = (78 - \square) \times 1/6$$

$78 - \square = 12 \div \dfrac{1}{6}$

$78 - \square = 12 \times 6$

$\square = 78 - (12 \times 6)$

$\square = 78 - 72$

$\square = 6$

正解 4：6

8

$\square = 9/25$

$\square = 9 \div 25$

$\square = 0.36$

$\square = 36\%$

正解 3：36%

9

$\square \times 4 + 16 = 396 \div 9$

$\square = (396 \div 9 - 16) \div 4$

$\square = (44 - 16) \div 4$

$\square = 28 \div 4$

$\square = 7$

正解 1：7

10

$24 \times (\square - 8) = 312$

$\square - 8 = 312 \div 24$

$\square = 312 \div 24 + 8$

$\square = 13 + 8$

$\square = 21$

正解 5：21

11

$$\square \div (86 + 58) = 7/12$$

$\square = \dfrac{7}{12} \times (86 + 58)$

$\square = \dfrac{7}{12} \times 144$

$\square = \dfrac{7 \times \overset{12}{\cancel{144}}}{\underset{1}{\cancel{12}}}$

$\square = 84$

正解 5：84

12

$$0.32 \div 8/5 = \square \times 4$$

$\square = \dfrac{32}{100} \div \dfrac{8}{5} \div 4$

$\square = \dfrac{\overset{1}{\cancel{32}} \times \overset{1}{\cancel{5}}}{\underset{20}{\cancel{100}} \times \cancel{8} \times \underset{1}{\cancel{4}}}$

$\square = \dfrac{1}{20}$

※ $\dfrac{8}{5}$ を $8 \div 5$ にして、計算してもかまいません。
　選択肢は分数なので、最後に分数にします。

$$0.32 \div 8/5 = \square \times 4$$

$\square \times 4 = 0.32 \div (8 \div 5)$

$\square = 0.32 \div 8 \times 5 \div 4$

$\square = 0.05$

$\square = \dfrac{\overset{1}{\cancel{5}}}{\underset{20}{\cancel{100}}}$

正解 2：1/20

4 非言語 従来型

正解へのカギ

● **メモ用紙を活用する**

● **解法を覚えておけば、違う図形や違う設定になって
いても解ける**

▶ 判断推理の問題が出題される

TG-WEBの非言語能力適性検査（従来型）は、公務員試験の判断推理に近
い問題が、制限時間18分で9問出題されます。主な出題内容は推論、暗号、
展開図、図形の軌跡などです。問題の難易度は高めです。推論にしても、SPI
よりも難解な問題が出題されます。

▶ メモ用紙を活用する

いずれの問題も頭だけで考えず、条件をメモ用紙に整理したり、図を描いた
りしながら考えると解きやすくなります。

▶ 解法を覚えておけば、違う図形や違う設定になっていても解ける

一度解いたパターンの問題は、解法さえ覚えておけば、違う図形や違う設定
になっていても簡単に解けます。本書で解法をしっかり頭に入れてください。

練習問題 非言語 従来型

制限時間 18分00秒

▶正解 324ページ

1 ある暗号では飛行機を「NWQVZQW」、車を「QZJZOX」と表す。この暗号で「NZQZW」が表すものはどれか。

1：島根　　2：秋田　　3：福井　　4：岩手　　5：高知

2 正方形の紙を、図のようにA→B→C→Dの順に点線に沿って折り、最後にDの黒い部分を切り取った。これを広げたときの図として正しいものはどれか。

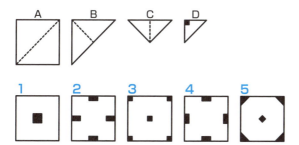

3 下の図は立方体の展開図である。この展開図を組み立てたとき、3つの点の見え方として正しいのはどれか。

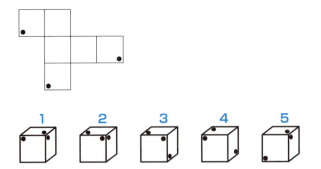

4 図Ⅰのア〜オの5枚の紙片のうち、4枚を選んで組み合わせ、図Ⅱの4×6の長方形に敷き詰める。使わないのは次のうちどれか。

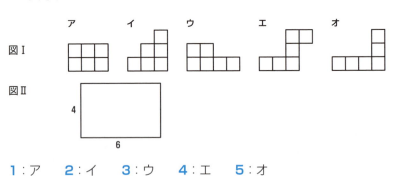

1：ア　　2：イ　　3：ウ　　4：エ　　5：オ

5 A〜Fの6人の年齢について、次のことが分かっている。

AはEより年上で、Cより年下だ。
DはBより、FはAより年上だ。

年齢が上から4番目のものが確実に決まるためには、あとどの条件が加われればよいか。

1：AはDより年上だ。　　　　　2：DはEより年下だ。
3：CはBより年下だ。　　　　　4：FはBより年下だ。
5：CはDより年上だ。

---

6 次の5つの命題から、正しく言えることはどれか。

● 快活な人はユーモアがある。
● 健康な人は長生きする。
● まじめな人はユーモアがない。
● 社交的でない人は長生きしない。
● ユーモアがある人は社交的だ。

1：快活な人は長生きする。　　　2：健康な人はまじめである。
3：快活な人はまじめでない。　　4：社交的な人は健康である。
5：ユーモアがない人は長生きしない。

7 10人が一列に並んでいる。10人は正直者かウソつきかのどちらかである。そのうちの9人が自分より後ろにいる人について順に次のように言った。

1番目（すなわち1番前）の人「自分より後ろにいる人は全員ウソつきだ」
2番目の人「自分より後ろにいる人は全員ウソつきだ」
3番目の人「自分より後ろにいる人は全員ウソつきだ」
…
8番目の人「自分より後ろにいる人は全員ウソつきだ」
9番目の人「自分より後ろにいる人はウソつきだ」

このとき、正しいものはどれか。

1：10番目の人はウソつきだ。
2：10番目の人は正直者だ。
3：ウソつきは1人いる。
4：ウソつきは9人いる。
5：10人全員ウソつきだ。

---

8 白い帽子が4つ、赤い帽子が3つある。A〜Dの4人に、これらの帽子を1つずつ選んでかぶせた。4人は、自分の帽子の色は見ることができないが、自分以外の3人の帽子の色は分かる。
自分の帽子の色が分かった人は手を挙げるよう指示したところ、1回目は誰も手を挙げなかった。再度、自分の帽子の色が分かった人に手を挙げるよう指示したところ、2人が手を挙げた。
このとき、確実に言えることは次のどれか。

1：手を挙げた2人は、2人とも赤い帽子をかぶっていた。
2：手を挙げた2人は、2人とも白い帽子をかぶっていた。
3：手を挙げた2人のうち、1人は白、もう1人は赤い帽子をかぶっていた。
4：手を挙げなかった2人のうち、1人は白、もう1人は赤い帽子をかぶっていた。
5：手を挙げなかった2人は、2人とも白い帽子をかぶっていた。

9 図のように半径3aの円Aに、半径aの円Bが内接している。円Aを動かさずに、円Bを円Aに接触させたまま滑らないように、矢印の方向に転がしていく。円Bがアの位置に来たとき、円Bに描かれた線分はどのようになっているか。

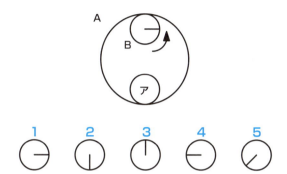

解説 非言語 従来型

1　暗号をローマ字に置き換えると解くことができます。「飛行機」と「車」は以下の通りです。

あとは出題された暗号「NZQZW」の解読方法を、上記の中から見つけるだけです。該当するのは、上記のうち、マーカーをつけた部分です。すなわち、以下のようになります。

暗号　N　Z　Q　Z　W
　　　↓　↓　↓　↓　↓
解読　H　U　K　U　I
　　　ふ　　　く　　　い

TG-WEBでは、「単語の読みを、別の文字に置き換える暗号」がよく出題されます。中でも頻度が高いのは、この問題のようにローマ字への置き換えです。暗号が出題されたら、まずは、ローマ字に置き換えてみてください。

正解　3：福井

2 D→C→B→Aの順に広げていくつもりで、Dの黒い部分と重なる部分を、塗りつぶしていきます。

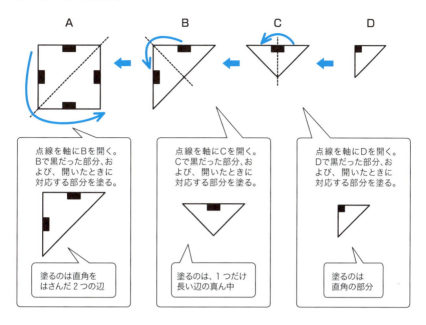

実際に受検するときは、メモを最小限にするために、Cの図から描いて、2カ所塗りつぶしたら、そこにBの三角を描き足すと効率的です。この方法で1つの図形を最終的にAの形まで描き足します。

正解 4

3 　立方体の展開図は「90度回転」させると、比較的簡単に解くことができます。

解法のポイント

立方体の展開図では、面を「90度回転」させて展開図の形が変わっても、できあがる立方体は同じ。

　この方法を使って、黒点のある3面が隣り合うように形を変えると、以下のようになります。

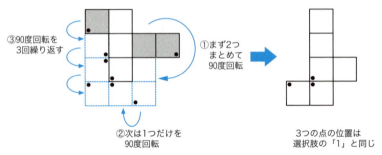

【補足】

「90度回転」の仕方について、もう少し詳しく説明します。

まず、基本となる考え方は、以下の通りです。

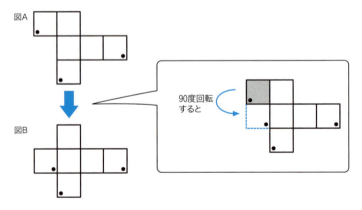

この場合立方体は、図Aから作っても、図Bから作っても、同じものが作れます。
この方法を使って、面を回転させて展開図の形を変えると以下のようになります。

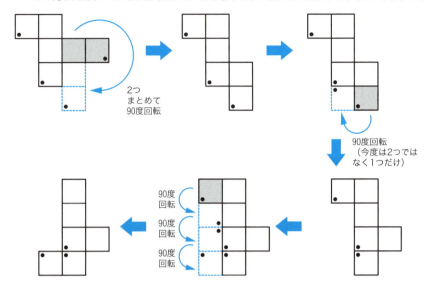

選択肢の「1」と同じ

正解 1

4 紙片は、以下のように敷き詰めることができます。

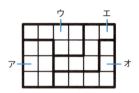

以下では、市松模様（白黒チェック）だと仮定して、白黒の枚数を数える方法を紹介します。この方法だと、紙片の並べ方を考える必要がありません！

まず、図Ⅱの各マスを白黒交互に塗ると、白と黒は同じ枚数です。

次に、図Ⅰも同様に白黒交互に塗ります。

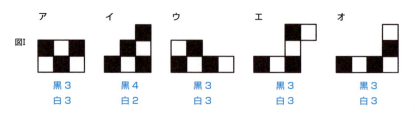

すると、イ以外はすべて白黒3枚ずつです。

つまり、イを除く、ア・ウ・エ・オを組み合わせると、白12枚、黒12枚となります。よって、使わないのは「イ」だと分かります。

※イを入れると、どう組み合わせても、白黒12枚ずつという組み合わせが作れません。

正解 2：イ

5 まず、問題文から分かる6人の年齢関係をまとめます。

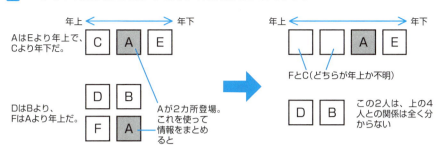

あとは、各選択肢の条件で4番目の人が確実に決まるかどうかを検証します。

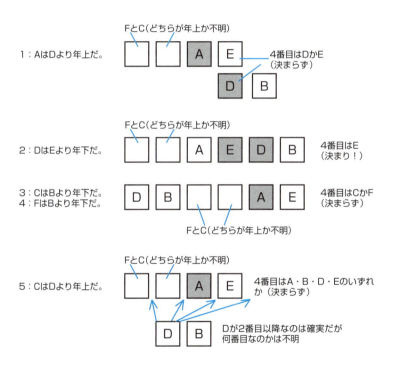

正解 2：DはEより年下だ。

6 この問題を解くためには、命題の知識が必要です。以下の2つをしっかり頭に入れてください。

解法の ポイント

① 「AならばB」のときは、「BでなければAでない」（対偶）が成り立つ。

② 「AならばB」で、なおかつ「BならばC」のときは、「AならばC」（三段論法）が成り立つ。

なお、命題では「裏」や「逆」（以下の図で説明）は成り立たないので注意してください。

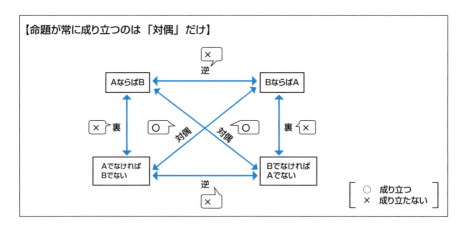

さて、5つの命題とその対偶をまとめると、以下の通りです。

命題	対偶
①快活な人→ユーモアがある	⑥ユーモアがない人→快活ではない
②健康な人→長生きする	⑦長生きしない人→健康ではない
③まじめな人→ユーモアがない	⑧ユーモアがある人→まじめではない
④社交的でない人→長生きしない	⑨長生きする人→社交的だ
⑤ユーモアがある人→社交的だ	⑩社交的ではない人→ユーモアがない

※上の表では「～ならば」を省略して「→」と記しています。

では、選択肢の内容がうまくつながるか検証します。まずは、正解の「3」から。

3：快活な人はまじめでない。

① 快活な人 → ユーモアがある
　　　↓
⑧ ユーモアがある人 → まじめではない

三段論法により「快活な人はまじめではない」が成り立ちます。

残りの選択肢は、以下のように成り立ちません。

1：快活な人は長生きする。

① 快活な人 → ユーモアがある
　　　↓
⑤ ユーモアがある人 → 社交的だ　　または
⑧ ユーモアがある人 → まじめではない
　　　↓
⑤⑧ともに、ここから先はつながるものなし

2：健康な人はまじめである。

② 健康な人 → 長生きする
　　　↓
⑨ 長生きする人 → 社交的だ
　　　↓
ここから先はつながるものなし

4：社交的な人は健康である。

「社交的な人は」で始まる命題も対偶もなし

5：ユーモアがない人は長生きしない。

⑥ ユーモアがない人 → 快活ではない
　　　↓
ここから先はつながるものなし

なお、実際のテストでは、時間短縮のため、命題と対偶のメモを右のように簡略化するとよいでしょう。文字の上にある横棒は、「〜ではない」（否定）を表しています。例えば「快」が「快活な人」の場合、「快̄」は、「快活ではない人」と否定の意味になります。

正解　3：快活な人はまじめでない。

7 　10番目の人がウソつきの場合と、正直者の場合を仮定して、10人それぞれがウソつきなのか正直者なのかを考えます。

■10番目の人がウソつきだと仮定すると

　9番目の発言「自分より後ろにいる人はウソつきだ」は真実なので、9番目は正直者です。

```
① ② ③ ④ ⑤ ⑥ ⑦ ⑧ ⑨ ⑩
                  ○  ●        ※○は正直者。●はウソつき
```

　9番目が正直者ということは、8番目の「自分より後ろにいる人は全員ウソつきだ」という発言はウソです。よって8番目はウソつきです。同様に1～7番目までも、ウソつきだと分かります。

```
① ② ③ ④ ⑤ ⑥ ⑦ ⑧ ⑨ ⑩
●  ●  ●  ●  ●  ●  ●  ●  ○  ●
```

■10番目の人が正直者だと仮定すると

　9番目の発言「自分より後ろにいる人はウソつきだ」はウソなので、9番目はウソつきです。

```
① ② ③ ④ ⑤ ⑥ ⑦ ⑧ ⑨ ⑩
                  ●  ○
```

　この場合も、10番目が正直者なので、1～8番目の発言「自分より後ろにいる人は全員ウソつきだ」はウソです。1～8番目はウソつきです。

```
① ② ③ ④ ⑤ ⑥ ⑦ ⑧ ⑨ ⑩
●  ●  ●  ●  ●  ●  ●  ●  ●  ○
```

　以上のことから、どちらの場合もウソつきは9人だと分かります。

　なお、ウソつきが9人ということは、選択肢のうち「3」「5」は明らかに間違いです。「1」「2」は、10番目が正直者なのかウソつきなのかは、この問題文からは分からないため「正しい」とは言い切れません。

正解 4：ウソつきは9人いる。

8 このタイプの問題では、4人全員が正しく推理をする（間違えたり、適当に手を挙げたりしない）のが大前提となっています。

まず、考えられる4人の帽子の内訳は以下の通りです。

　　　① ○○○○　　※○は白い帽子、●は赤い帽子
　　　② ○○○●
　　　③ ○○●●
　　　④ ○●●●

1回目に誰も手を挙げなかったのだから、④はあり得ません。

なぜなら、もしも④ならば、白い帽子の人が、他の3人が赤い帽子であることから、自分の帽子の色に気づき、手を挙げるはずだからです。

次に、2回目で2人が手を挙げたのですから、考えられる組み合わせは③です。

　　　③ ○○●●

白い帽子の2人が、赤い帽子が2人いるのを見て、自分が白い帽子だと分かったのです。

※赤い帽子は全部で3つ。ただし、1回目に誰も手を挙げなかったので、赤い帽子が3人というのはあり得ません。ということは、最大でも2人です。つまり、自分以外の2人が赤い帽子のときは、自分は必ず白い帽子ということになります。

正解 2：手を挙げた2人は、2人とも白い帽子をかぶっていた。

9 円どうしの最初の接点に注目して、円Aのどの位置で、この点が再び接するのかを考えると、うまく解けます。

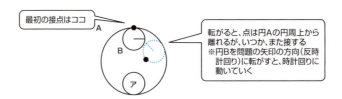

　円Bが1周すると、点は再び円Aに接します。円Bが円Aのどの位置で1周を終えるかは、円Aと円Bの円周の比率から分かります。

　まず、問題文から、円Aの半径は「3a」、円Bの半径は「a」です。つまり半径の比率は「3：1」、円周の比率も「3：1」です。

※円周の公式は「円周＝半径×2π」（半径に対して2πを掛け算）なので、「円周の比率＝半径の比率」です。

　よって、円Bが1周するのは、Aの$\frac{1}{3}$周（時計でいうと「4時」）の位置です。

　問題で問われている「ア」は、時計でいうと6時の位置ですから、ちょうど1周半したところです。つまり、点は円Aの円周上から一番遠い位置になります。

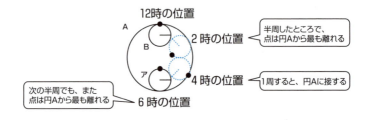

　その結果、点の位置は真上にきます。つまり、最初（12時の位置）と同じです。

正解 1

> **p.280 から続く**

●SPI（Webテスト）

JVCケンウッド、KADOKAWA（旧社名：カドカワ）、Sky、SMBC信託銀行、SUBARU、旭化成ホームズ、アサヒビール、アルフレッサ、エイチ・アイ・エス、エヌ・ティ・ティ・データ（NTTデータ）、オービックビジネスコンサルタント、カプコン、京セラ、サントリービバレッジサービス、四国旅客鉄道（JR四国）、商工組合中央金庫、スズキ、大日本印刷、中部電力、東海東京フィナンシャル・ホールディングス、東京ガス、東レ、豊田自動織機、長野銀行、日本水産、日本精工、ニトリ、日本政策投資銀行、日本生命保険、農林中央金庫、ノジマ、パナソニック、バンダイナムコエンターテインメント、東日本電信電話（NTT東日本）、北海道銀行、本田技研工業（ホンダ）、三井住友銀行、三井住友信託銀行、三井ホーム、三菱UFJ銀行、三菱ケミカル、三菱重工業、明治安田生命保険、ヤフー、良品計画

●SPI（ペーパーテスト）

ゴールドウイン、大黒天物産、ラウンドワン

●玉手箱

JFEエンジニアリング、NTTファシリティーズ、SMBC日興証券、TOTO、アクセンチュア、旭化成、アマゾンジャパン、エヌ・ティ・ティ・データ（NTTデータ）、オービックビジネスコンサルタント、オリックス、キヤノン、ジブラルタ生命保険、ジャックス、昭和電工、住友生命保険、セールスフォース・ドットコム、積水化学工業、そごう・西武、日揮ホールディングス（旧社名：日揮）、日本製紙、ニトリ、日本ガイシ、阪和興業、東日本高速道路、日立製作所、富士通、フジテレビジョン、三井化学、三井住友銀行、三井住友信託銀行、三菱ケミカル、三菱倉庫、ミリアルリゾートホテルズ、名港海運、ヤクルト本社、安川電機、ヤフー

●C-GAB

イオンフィナンシャルサービス、キヤノン、ジョンソン・エンド・ジョンソン、住友商事、東ソー、西日本高速道路、三菱ガス化学

●Web-CAB

パナソニック インフォメーションシステムズ、レントラックス

●TG-WEB

荏原製作所、近鉄エクスプレス、東京海上日動火災保険、日本新薬、日本政策金融公庫、三菱UFJ銀行、三菱重工業、ヤマハ、ユニ・チャーム

●SCOA

東洋紡、日本精工

●内田クレペリン検査

ADEKA、SCSK、青森銀行、花王、九州旅客鉄道（JR九州）、四国旅客鉄道（JR四国）、東急（旧社名：東京急行電鉄）、東レ、西日本鉄道、東日本旅客鉄道（JR東日本）

【著者プロフィール】
内定ロボット（ないていろぼっと）
さまざまな業界の採用情報などの交換を目的とした社会人の異業種交流会に、大学生グループを加えた研究会。もともとは、メンバーが持ち寄った企業の筆記試験情報を集約したサーバーの愛称。

【編者プロフィール】
日経 HR 編集部（にっけいえいちあーるへんしゅうぶ）
就職・キャリア形成をテーマに学生、大学、企業を取材。日々学生と接しながら、企業の選考時期・方法、学生の悩みなど「生」の情報を吸い上げ、コンテンツに反映している。

分かりやすさバツグン！あっという間に対策できる！
最速マスター　SPI3 & Web テスト
2022 年度版

発行日 —— 2020 年 6 月 1 日　第 1 刷
著　者 —— 内定ロボット
編　者 —— 日経 H R 編集部
発行者 —— 篠原 昇司
発　行 —— 日経 H R
　　　　　〒 101-0045 東京都千代田区神田鍛冶町 3-6-3
　　　　　URL　https://www.nikkeihr.co.jp/

表紙デザイン ——— 二ノ宮 匡（二クスインク）
表紙イラスト ——— 大野 文彰
本文デザイン・DTP — 明昌堂
校正 ——————— 共同制作社
印刷・製本 ———— 凸版印刷

ISBN978-4-89112-194-5　C2034

＜著作権等＞
本書の無断複写・複製（コピー等）は著作権法上の例外を除き、禁じられています。購入者以外の第三者による電子データ化及び電子書籍化は、私的使用を含め、一切認められておりません。
©2020 Naitei Robot　/　Printed in Japan

「日経就職シリーズ」に関するお知らせや訂正情報は、小社ウェブサイトで公開します。
本書の内容に関するご質問は以下のアドレスまでお願いします（お電話では受け付けておりません）。
book@nikkeihr.co.jp

乱丁本・落丁本はお取り替えいたします。